Jürgen Große

Der ewige Westen

Wie ein Land nach sich selbst suchte und die alte Bundesrepublik fand

Das Neue Berlin

Für Maya,
die Freundin zwischen Ost und West

Inhalt

Vorwort: Das Deutschland der anderen

In diesem Buch wird immer wieder von Westdeutschland und vom Westen die Rede sein. Beides zielt nicht auf eine Landschaft oder ein Staatsgebiet, sondern auf eine kollektive Mentalität. Lange wusste sich diese gegen kühlere Anhauchungen der Geschichte geschützt. Auf die Zumutung historischer Kontingenz und kultureller Fremdheit reagierte sie meistens verstört. Die Kummerformel lautete bald nach 1990 auf eine *alte Bundesrepublik*, die nun für immer verloren sei.

Die Begegnung dieser alten Bundesrepublik mit dem Anderen, ihrem – deutschen – Anderen, ja mit Veränderung überhaupt geriet seit der Einheit teils sentimental-nostalgisch, teils abweisend-aggressiv. Das hatte gute historische Gründe. Wenn sich im westlichen Deutschland so etwas wie Individualität ausbilden konnte, dann immer dank einem Milieu, das sie garantierte. Anders gesagt: Individuelle Existenz war in der Altbundesrepublik sehr stark mit kollektiver Einbindung und systemischer Absicherung verknüpft. Ihre politischen und persönlichen Freiheiten erlebten die Westdeutschen seit 1949 als einen moralischen wie materiellen Kredit, gewährt durch die westlichen Siegermächte. Was sie Pluralismus nannten, war stets blockfest umfriedet. So konnten sie den *safe space* ihrer staatlichen Existenz ungestört zu ideologischen Heimathäfen und kulturellen Rückzugsnischen ausgestalten.

Dieser ihr geschichtlicher Sonderweg – zusehends begriffen und bejaht als Weg aus der gesamtdeutschen Geschichte –

musste eine seelisch einzigartige Mixtur erzeugen. Erfahrungsarmut und Meinungsreichtum, Weltflüchtigkeit und Selbstbezogenheit sind die auch international notorischen Charakteristika des *Homo Germaniae occidentalis*[1]. Weithin assoziiert man mit dem Attribut *westdeutsch* eine Schwierigkeit kollektiver Selbstwerdung, zumindest selbstbewusster Staatlichkeit. Tatsächlich hatte die alte Bundesrepublik erst durch Bilder eines nahen oder näher rückenden Ostens zum Bewusstsein ihrer selbst gefunden. Sogleich aber sah sie sich dadurch in ihrem Fortbestand, mithin in ihrem historischen Sondersein bedroht.

Gegensätze zwischen Ost und West sind nach 1990 zunächst für rasch überwindbar erklärt worden, meist durch Wohlmeinende, stets durch Westdeutsche. Dennoch flackern sie politisch und vor allem medial immer wieder auf. Ein jüngst erschienener Bestseller über den Osten als westdeutsche Erfindung ist gewiss mehr als ein reines PR-Phänomen. Doch der Osten als Konstrukt?[2] Einmal konstruktanalytisch gestimmt, wird man Konstrukte allerorten finden: Es ist ein analytisches Nullsummenspiel. Tatsächliche Differenzen können durch den Konstruktbegriff verdeckt werden, wie dies lange durch das Wort von einer *Mauer in den Köpfen* geschehen ist.

---

[1] Zu dessen sprachlicher Physiognomie vgl. Vf.: *Die Sprache der Einheit. Ein Fremdwörterbuch*, Berlin 2019, S. 8f.

[2] Vgl. Dirk Oschmann: *Der Osten: eine westdeutsche Erfindung*, Berlin 2023. Im Klappentext ist zu lesen, »dass wir dringend etwas an der Konstruktion des Ostens durch den Westen ändern müssen«, um Demokratie und Gesellschaft stabil zu halten.« Konstruktion als solche wird nicht abgelehnt, im Buch sogar als postmoderne Unvermeidlichkeit akzeptiert.

Ich werde auf diesen Begriff weithin verzichten und beanspruche deshalb nicht, hier etwa vom konstruierten Osten säuberlich einen nicht-konstruierten, realen Osten scheiden zu können. Ohnehin geht es mir eher um den bundesdeutschen Westen, somit um ein reales Gebilde, das allerdings solcher Konstruktionen wesentlich bedarf. Denn das andere Deutschland, das der deutsche Westen sein will, kann nicht sein ohne ein Deutschland der anderen. Meine These daher: Es ist ein längst nicht mehr historisch fixierbarer und politisch konkreter, sondern ein zusehends imaginärer Westen, der sich nur noch durch Sprechakte, durch Konstruktion, Projektion, Halluzination seines östlichen Anderen lebendig hält. Dieser *ewige Westen* existiert dank einem Osten (einer Geschichte, einem Deutschland), von dem er sich ständig zu befreien hat. Nicht der Osten also, sondern jener Westen ist seit 1949 der Sonderfall deutscher Geschichte und als solcher erklärungsbedürftig.

Selbst wenn Ost und West nur noch formal-analytische Kategorien wären, die beliebig mit Bedeutung zu füllen wären, so würde diesen doch harte Stofflichkeit anhaften. Sie findet sich im Begriffsmaterial, das jener ewige Westen bemüht. Die bundesdeutsche Selbsterzeugung als Westen strapaziert bestimmte Schlagwörter: Neben ältere wie *Diktatur, Demokratie, Freiheit, Chancengleichheit, Totalitarismus, Individualismus, Pluralismus* traten jüngere wie *Teilhabe, Vielfalt, Identität, Diversität* und vor allem *Weltoffenheit*.

Anhand dieser Schlagwörter lässt sich ein Panorama westdeutscher Selbstverstrickungen entwerfen. Ein Panorama nur aus Lektüre- und Beobachtungszufällen, die nicht mehr abwerfen als diagnostische Miniaturen. Doch sie ergeben vielleicht so etwas wie eine Krankenakte oder Leidensgeschichte der alt(geworden)en Bundesrepublik. Am Anfang steht deren Begegnung mit dem deutschen Osten, am Ende die Begegnung mit kulturell Fremdem überhaupt.

J. G. Berlin, im Frühjahr 2024

Die Entgrenzung

»Für mich hat Deutschland im 20. Jahrhundert drei Katastrophen erlebt: Wilhelm II., Hitler und Adenauer. [...] Die sowjetische Besatzungszone wäre nie zur DDR geworden, wenn es Adenauer nicht gegeben hätte. Er ist der wahre Verantwortliche für die DDR und die Berliner Mauer.«

Michel Tournier

Vor einiger Zeit widmete sich ein Kölner Sender den Neunzigern, »als man in Ostdeutschland händeringend profilierte Akademiker suchte«.[3] Es ging im *Deutschlandfunk* um den Umbau der DDR-Hochschulen. Woher die händeringend Gesuchten kommen würden, war damals allen klar. Wem es nicht klar war, dem gaben sie ihre Herkunft häufig so zu erkennen: »Ich kann zwischen Ost- und Westdeutschen fast gar keine Unterschiede mehr erkennen!« Das Wohlwollen der Neuberufenen sprach auch aus Reifezeugnissen wie diesem: »Die ostdeutschen Studenten sind manchmal schon genauso kritisch wie unsere!«

Überfremdungsängste und Grenzüberschreitungen

Draußen im Lande bürgerte sich ein anderes Gesprächsmodell ein. Seine Entscheidungsfrage ließ nie lange auf sich warten. Sie lautete, zunächst vor allem an Berliner gerichtet: »Aus dem Osten oder aus dem Westen?« Dazu mitunter ein

---

3 Im Gespräch mit Joachim Scholl: *Musik und Fragen zur Person. Der Politologe Wolf Wagner*, in: *DLF*-Archiv, 3. September 2017.

Wort der Anerkennung, dass dem Befragten die fremde Herkunft nicht anzumerken sei. Der Ritus sagt einiges über den westkollektiven, somit auch mehrheitsmedialen Umgang mit Ostdeutschland. Rechtzeitige Erkenntnis soll hier verstörender Erfahrung vorbeugen. Denn Ostdeutsche sind Marsmenschen, die aussehen wie normale, also westdeutsche Menschen und daher unerkannt überall eindringen können.

Noch 2020, im Streit um eine Stellenbesetzung beim Bundesverfassungsgericht, vermuteten mediale Beobachter solche Überfremdungsängste. Sie hatten lange vor dem DDR-Beitritt eingesetzt.[4] In Zeitschriften wie *Spiegel* und *Stern* meldeten sich 1989/90 die Vereinigungsskeptiker. Bereits Ostberliner Einkäufer bei *Aldi* und *Plus* erlebten sie als Übergriff. Auch schwante Westberlins Alternativen, deren Projekte-Kultur bis dahin gut ummauert geblüht hatte, eine baldige Subventionskonkurrenz. Nicht nur genörgelt, auch gedroht wurde. »Euch hätten wir gleich auf dem Bahnsteig gern die Fresse poliert«[5], ließ 1989 unter anderem das Blättchen *Arbeiterkampf* all jene wissen, die nicht im Trabi angereist waren. Bereits elf Tage nach der Maueröffnung berichtete die *taz* von zerstochenen Reifen an DDR-Autos, deren Besitzer sich nach Westberlin vorgewagt hatten.[6] In

---

[4] Ein frühes Fazit der Querelen um »Ossis«, »Halb-Ossis« und Randparteienwähler am Bundesverfassungsgericht gab Christian Rath: *»Noch kein ostdeutscher Verfassungsrichter. Diversität am BVerfG«*, in: *Legal Tribune Online* vom 4. Juni 2020.

[5] Zitiert nach *»Fettleibig mit Dauerwelle. Westdeutsche Linke, von grünen Alternativen bis hin zu sozialdemokratischen Ideologen, haben ein neues Feindbild – DDR-Flüchtlinge«*, in: *Der Spiegel* 43/1989.

Hannover schleuderten Unbekannte benzingefüllte Flaschen auf solche exotisch anmutenden Gefährte. Sie brannten aus.[7]

Wie es weiterging, ist bekannt. Hausbesetzer wurden zu Hausbesitzern, Ex-Kommunarden entdeckten ihren Stolz auf Deutsche Mark und bundesdeutsche Demokratie, und nach der Volkskammerwahl 1990 bewies Otto Schily mit gezogener Banane vierzig Jahre Konsumvorsprung. Doch die Ängste blieben. Auch als Altbundesdeutschen schon ganze Straßenzüge, ja Stadtviertel und Landschaften gehörten, klagten sie weiterhin über Bedrängtheitsgefühle. Ob Ostdeutsche nun arbeitslos daheimblieben oder zu Zehntausenden rübermachten, sie schienen ans Eigene, ans Eingemachte zu rühren. Noch zum Mauerfalljubiläum 2019 konnte man in der *Frankfurter Rundschau* lesen: »Es gibt eher zu viele als zu wenige Mauerspringer. Jedenfalls von Ost nach West.«[8]

Diese Schwierigkeiten vieler Westdeutscher, in Einheitsdeutschland anzukommen – so eines ihrer Lieblingsverben –, waren im Osten frühzeitig zum Stereotyp geronnen, im Jammerwessi. Zahllose, oft grausame Volkswitze unterstellten ihm eine unverwechselbare Mischung aus Larmoyanz, Ignoranz und Arroganz. Nach

---

[6] Vgl. Brigitte Fehrle: *»...die koofen keene Bananen«*, in: *taz* vom 20. November 1989.

[7] Vgl. Jens Balzer: *No Limit. Die Neunziger – das Jahrzehnt der Freiheit*, Berlin 2023, S. 39.

[8] Arno Widmann: *»Die Flut kann man stauen, aber nicht aufhalten«*, in: *Berliner Zeitung* vom 3./4. Februar 2018.

fast zwanzig Jahren Einheit musste ein Redakteur der *Süddeutschen Zeitung* angesichts des anhaltenden West-Lamentos einräumen, dass Besserung kaum zu erwarten sei: »Der Kern des Jammer-Wessitums ist nun einmal das Ausweichen vor dem Neuen, vor der Gegenwart, die 1989 begonnen hat.«[9]

Woher die Hartnäckigkeit dieser Klagen und Ängste, die sich häufig mit Aggressionen mischen? Tatsächlich liegt es nahe, die Antwort in den Jahren 1989/90 zu suchen. Ein politischer Machtwechsel zu Rot-Grün schien damals greifbar. Die ostdeutschen Beitritt-Wähler zertraten diesen Traum; Westdeutschlands Konservative konnten noch einmal triumphieren. Die Westlinke, sofern nicht schon transatlantisch gewendet, zeigte sich enttäuscht vom Ostvolk, das nicht »noch eine weitere Runde Sozialismus dranhängen« wollte (Martin Walser).[10] Bald fragte sie spöttisch, warum es nicht früher gegen die Diktatur rebelliert hätte. Schließlich nahmen professionelle Aufarbeiter sich der Diktatur-Überbleibsel an.

Der Westen: Exil der Geschichte

Einer kleinen Minderheit in Ost und West erschien das Ende der DDR als Anfang von etwas Neuem. Endlich wahrer

---

[9] Lothar Müller: *»Maxim Biller vs. Ossis. Ein Schlappschwanz klagt an«*, in: *Süddeutsche Zeitung* vom 15. Mai 2010.

[10] Zitiert nach: Jens Balzer: *No Limit. Die Neunziger – das Jahrzehnt der Freiheit*, Berlin 2023, S. 43.

Sozialismus. Endlich wirkliche, von unten gebaute Demokratie.[11] Doch man fängt nie neu an. Man macht da weiter, wo man aufgehört hat.

Im Osten hatte deutsche Geschichte niemals aufgehört. Sie blieb dort bis zuletzt Nachkriegsgeschichte. Das besiegte Land war ungleich geteilt worden. Die Besatzungsmächte waren mit ihm je nach ihren Systemen verfahren, aber auch nach ihren Kriegsverlusten. Die der Sowjetunion waren ungeheuer gewesen. Wichtiger als ein sozialistisches Deutschland war ihr zunächst ein nicht angriffsfähiges. Die östlichen Sieger importierten eine verlässliche Führung, die westlichen vertrauten auf heimisches Personal. Meist verbindet man dessen Fügsamkeit mit dem Namen Adenauers, »amerikanischer als die Amerikaner«, wie es seinerzeit selbst aus der CDU hieß. Doch gab es schon vor Adenauers Teilungscoup, ja schon vor 1945 Proben eines spezifisch westdeutschen Anpassungswillens. Der Emigrant Saul Padover, als US-Offizier für Psychologische Kriegsführung nach Deutschland zurückgekehrt, notierte aus den besetzten Gebieten: »Hass auf die Russen, Schmeicheleien für die Amerikaner« sei im Westen die Methode der Besiegten. »Ihre einzige Hoffnung sind die Amerikaner. Indem sie einen Keil zwischen die Alliierten treiben, hoffen sie, ihrer Bestrafung zu entgehen.« Bayern und Rheinländer würden sich

---

[11] Diesem Land der geraden Rücken und der runden Tische galt Klaus Wolframs Rede vor der Akademie der Künste (*»Das Ende der Revolution«*, gekürzt in: *Berliner Zeitung* vom 6. April 2020). Der neue Anfang, deutet der Ex-Bürgerrechtler an, wurde verspielt, weil die Mauer zu früh fiel. Endlich »sich selber aussprechen« über das eigene Land, ungestört von eindringenden BRD-Politikern und -Parteien, habe man nun nicht mehr gekonnt.

nunmehr »Mussnazis« nennen, den Nazismus aber einen ostelbischen Import.[12]

Das wirkt vertraut. Vor ein paar Jahren feierten Westdeutschlands Leitmedien »The shortest History of Germany« von James Hawes. Mit Grund, erklärte der britische Germanist, hätten die Sowjettruppen 1945 nur Ost-, nicht Westdeutschland besetzt: »Der Osten ist nicht anders, weil ihn die Russen besetzt hatten, sondern die Russen hatten den Osten besetzt, weil er schon immer anders war.« Und: »Mein Ehrgeiz in dem Buch war, Westdeutschland endlich von der Verantwortung für die Weltkriege freizusprechen.«[13]

Die Russen verlangten nach 1945 von den Ostdeutschen Handfestes. Das Land büßte doppelt, durch Reparationszahlung und repressive Staatlichkeit. Die sollten manche Westdeutsche »sozialistische Alternative«, andere »kommode Diktatur« und viele schlicht »Unrechtsstaat« nennen. Wer selbst dort lebte, konnte sich trotz anderslautender Propaganda kaum bei den Siegern der Geschichte sehen. Das Land war – anders als der Staat und seine Sprache! – eine Schule des Konkreten, eine Immunisierung gegen alles Luftige und Phrasenhafte – auch des Westens. Im Osten lernte man die D-Mark als das solideste Stück Westdeutschland zu begreifen.

---

[12] Saul Padover: *Lügendetektor. Vernehmungen im besiegten Deutschland 1944/1945*, Berlin 2016, S. 25 und S. 87.

[13] Matern Boeselager im Interview mit James Hawes: *»Vom Nationalsozialismus bis zur AfD – alles, was schiefgelaufen ist, haben wir dem Osten zu verdanken«*, *Vice Channels*, 5. Oktober 2017.

Was verlangten die Amerikaner von den Westdeutschen? Sie durften ihre Abneigung gegen den Osten (»Asien«, »Pankoff«, »die Zone«) beibehalten, mussten lediglich von Antibolschewismus auf Antitotalitarismus umtiteln.[14] Erst schüchtern, bald kühner begannen sie von ihrer guten politischen Erziehung zu sprechen – von ihrer Umerzogenheit. Sie nannten die Amerikaner nun vertraulich die Alliierten, als wären es die eigenen gewesen und als hätte es keine anderen gegeben. Statt von Westdeutschland redeten sie zusehends vom Westen, zu dem sie gehören wollten und der sie irgendwann tatsächlich zu sein glaubten. Westdeutschlands »heiliger Krieg gegen die DDR« (Heiner Müller) einschließlich Embargo war antikommunistisch, er war aber auch antinational. Adenauer hatte sich endlich seinen separatistischen Lebenstraum erfüllen können, unter Zurücklassung Ostdeutschlands und Westberlins, das als SPD-Hochburg seine Kanzlerwahl gefährdet hätte. Mit Gründung der Bundesrepublik war 1949 ein ganzes Land in den Westen geflohen, war deutscher Schuld(en)geschichte entkommen. Ihr würde es sich erst aus sicherer historischer Entfernung und politisch höchst selektiv widmen.

Diese Freistellung von deutscher Geschichte sollte weder der Rechten noch der Linken der Bundesrepublik guttun. Der Rechten nicht, denn sie begann Konservatismus mit einer US-Hörigkeit gleichzusetzen, die selbst Nahostabenteuer einschloss. Der Linken nicht, denn Wirtschaftswunder

---

[14] Mit der deutschen Einheit sollte sich der »antitotalitaristische« in einen »antifaschistischen Grundkonsens« transformieren, der aber »wertewestlich« verfasst blieb; vgl. Vf.: *»Warum Werte? Über ein Gefühl im westlichen Denken«*, in: *Perspektiven der Philosophie* 43 (2017), S. 139–163.

und Sozialstaat beraubten sie allmählich ihrer traditionellen Politikfelder. Dies bereitete den Weg zu kulturellen Ersatzhandlungen, zu Symbol- und Sprachpolitik. Die aus der alten Bundesrepublik überkommenen Politikfraktionen stehen heute vor den Folgen geistiger Selbstisolierung, die einen außen-, die anderen innenpolitisch.

Mehr noch: Die frühe Erfahrung, nicht vollständig haftbar zu sein, hatte sich tief ins westdeutsche Kollektivgemüt gegraben. Sie begünstigte eine Flinkheit im Urteil über Welt und Leben, ein altkluges Belehren von Menschen und Völkern, ein leichtfertiges Reden selbst von Krieg und Frieden. All dies scheint sich nach 1990 noch verstärkt zu haben. Einzig in Westdeutschlands medialen Überbauten bekundet sich eine Sehnsucht nach realer Geschichte, nach fremder, divergenter, minoritärer Erfahrung – und zugleich die Furcht davor.

Näherer und fernerer Osten

Im aktuellen, somit westdeutsch dominierten Fremdheits- und Vielfaltsdiskurs hat die ostdeutsche Minderheit eine merkwürdige Stellung inne. Eine Minderheit mit einheitlichem Auftreten gegenüber einer Mehrheit kann sie schon deswegen nicht sein, weil sie als Kollektiv ja nur dank westlichen Zuschreibungsakten existiert. Im einschlägigen Idiom gesprochen: als Konstrukt. Nichtkonstruierte Ost-Eigenheiten sind Staatsdistanz und Ideologieskepsis. Man darf in ihnen Langzeitfolgen der Diktatur- und Umbruchserfahrung erblicken. Sie hat bewirkt, dass weltanschaulicher Milieukonformismus im Osten bis heute seltener ist als im Westen. Oft ist es nun gerade diese Untauglichkeit für Kollektivthesen, die hilflose Häme erzeugt: Wer im geschlossenen Erfahrungsraum Westdeutschland aufgewachsen ist, dem erscheint Deutschlands Osten als politisch sprunghaft und gesellschaftlich zersplittert. »Mit dem hoch gelobten ostdeutschen Wir-Gefühl ist es nicht weit her«, frohlockte schon vor Jahren der Kasseler Soziologe Heinz Bude.[15] Blamiertes Vorurteil gibt sich als souveräne Entlarvungstat.

Auch auf eine Regionalmentalität kann das Fremdartige der Ostdeutschen nicht reduziert werden, obgleich im deutschen Westen vielerorts der Glaube fortlebt, östlich der Elbe werde durchweg sächsisch gesprochen.[16] Ebenso wenig ist die ostdeutsche Minderheit klein genug, um kulturpolitische Pflege- oder Schutzimpulse auszulösen; ungenutzt bleibt so das Sprachrepertoire exotischer Niedlichkeit. Doch unverdrossen forscht der westdeutsche Meinungs-, Haltungs- und Deutungsbetrieb nach einem ostdeutschen Anderssein, nach kleinsten Zeichen einer Abweichung, als gelte es, dadurch einer schleichenden Erosion des Eigenen vorzubeugen. Diese Divergenzbesessenheit hat ihre klar benenn-

---

[15] Gegenüber der *Märkischen Oderzeitung* vom 25. März 2013.

[16] Selbst Gebildete unter den BRD-Publizisten halten den letzten DDR-Staatslenker nicht für einen saarländischen, sondern für einen sächsischen Import: »Das deleuzianische ›Deterritorialisieren‹ habe ich mir übrigens immer von Erich Honecker gesprochen gedacht: ›Dädärredorrelisiern‹; es macht das merkwürdige Wort seltsam wahrhaftig! Wie von Spitzweg gemalt!«, Thomas Kapielski: *Sämtliche Gottesbeweise*, Frankfurt/M. 2011, S. 60.

baren Gründe. Fremdes war für die Westdeutschen bis 1990 bestenfalls eine Sache von Tourismus oder Gastronomie gewesen – Kulturgut eben. Das 2015 rasch aufflammende und ebenso rasch wieder verlöschende Willkommen zeugte von dieser überwiegend westdeutschen Angstlust am Fremden. Denn Migranten aus einem etwas ferneren als dem deutschen oder europäischen Osten lassen sich leicht als das ganz Andere kulturell akzeptieren, sofern soziale Distanz gesichert ist. Kulturelle Nähe hingegen verheißt soziale Konkurrenz.

Tatsächlich hatte die Mehrheitsgesellschaft West jahrzehntelang »ihre« Fremden, genannt Gastarbeiter, in den schlechteren Vierteln und den härteren Jobs sicher verwahrt gewusst. Mit ihrem Anspruch ökonomisch-sozialer Gleichberechtigung mussten seit 1990 die neuen, ostdeutschen Fremden diese Mehrheitsgesellschaft verstören. Wettbewerb war ihr vielfach bereits zum Schandwort geworden, Vergewisserung eines uneinholbaren materiellen, gern auch moralischen Vorsprungs umso wichtiger.

Strebsam und abgehängt

Ihren Einheitsirritationen suchten Nostalgiker der alten Bundesrepublik daher zunächst mit der These von den seit 1990 entwerteten Biografien, von Ostdeutschlands *Abgehängten* beizukommen. Sie hätten auch von Überqualifizierten sprechen können. Für Wettbewerbsgläubige und Leistungswillige, die in den Neunzigern durchstarten wollten, wurde der Westen vielfach eine Enttäuschung – oft schon im Einheitsjahr. Sie mussten die Erfahrung machen, dass sich Qualifikation und Leistung gerade nicht immer lohnten, dass in manchen Bereichen beispielsweise soziale Herkunft oder politische Haltung oder gar Geschlecht über den Aufstieg entschieden. Für eine zusehends kulturprägend-meinungsnormative *Mitte der Gesellschaft* wiederum, sprich für die verbürgerlichte und nun staatsbürgerliche Linke des Westens, bedeutete der Neuzugang aus Deutschlands Osten gleichfalls eine Enttäuschung, erst recht der aus Europas Osten. Diese »Strebermigranten« (Emilia Smechowski)[17] waren meist bestens ausgebildet, zudem arbeitswütig bis zur Erschöpfung. Sie betrachteten den westlichen Kapitalismus als Lebenschance, nicht als Bedrohung ihrer Menschenwürde. Sie setzten auf Anerkennung durch berufliche Aktivität, nicht auf Teilhabe durch passivaggressive Selbstpräsentation in Diskriminiertenkollektiven. Ihre unsentimentale Machergesinnung sollte die im Westen erblühende Gefühlskultur der Kränkbarkeiten bald provozieren, denn die Neubürger huldigten messbarer Leistung.

[17] Der Streber-Topos ist seit Jahrzehnten im Ost-Bashing etabliert. Hierbei figurieren »die Ossis« als arbeitsscheu und zugleich als übereifrig, während Westdeutsche den Süd- und Osteuropäern zubilligen, so lässig und unangepasst zu sein wie sie selbst. Als Stichprobe: »Vierzig Jahre lang waren die Ossis die Vorzeigekommunisten im östlichen Staatenbündnis. Anders als bei den Tschechen und Polen waren Klagen über ihre sozialistische Arbeitsmoral nicht zu vernehmen, und selbst den Luxus des vom Westen spöttisch belächelten Schlendrians leisteten sie sich nicht. Streiks wie in Polen wären undenkbar gewesen und riefen bei den Ossis heftige Ressentiments hervor«, anstatt »Solidarität mit den Danziger Werftarbeitern zu üben«. Siehe Klaus Bittermann: *Unter Zonis. Zwanzig Jahre reichen jetzt so langsam mal wieder: Ein Rückblick*, Berlin 2009, S. 43; vgl. hingegen ebd., S. 61, zum arbeitsethisch drohenden Wirtschaftskollaps durch »16 Millionen trübe Tassen«.

Umso heftiger musste ihr Unbehagen an einem Westen sein, der das bürgerliche Leistungsethos zu verabschieden begann, um sich als Nischengesellschaft von betreuungsintensiven *safe spaces* zu rekonstruieren.

Die sächsischen Unruhen im dritten Einheitsjahrzehnt bewiesen vollends: Dieser Westen war kein Vorbild mehr. Dort hätte man früher wohl gutbürgerlich genannt, was im Osten still und stetig gewachsen ist: eine Verachtung für den westlichen Landesteil, der in basalen Kulturtechniken unterklassig wirkt – der seit 1990 die Deutschlandhälfte Ost etwa mit seinen zahlreichen Nichtschwimmern, Analphabeten und Rechenschwachen entsetzte. Oder auch mit Schülern, die zwar jeden Dichter politisch einzuordnen, doch kein einziges Gedicht aufzusagen wissen. Die elementare Lebens- und Berufsvorbereitung ist in der BRD prekär geworden. So schwindet die qualifizierte Facharbeiterschaft, zudem der unternehmerisch risikobereite Mittelstand. Das revitalisierte Bürgertum mancher Oststädte bringt bundesdeutsches Bildungselend nicht mehr nur mit einer spätemanzipatorischen Pädagogik, sondern inzwischen auch mit multikulturellen Klassenzimmern und einer indifferenten Einwanderungspolitik in Verbindung. Der dezidiert bürgerliche Protest gegen all dies fällt im Osten expliziter aus. Für eine sozial mehrheitsfähige, typisch westdeutsche Synthese aus Weltoffenheitsrede und Wohnviertelklassismus fehlten hier die historischen Grundlagen. Der Wohlstand im Osten ist neu, die Staatsskepsis alt. Eine Verbürgerlichung der Revolte wie im Westen haben oft nur die staatlich domestizierten Bürgerrechtler vollzogen. Kurz, der ostbürgerliche, inzwischen vielfach politisch rechts artikulierte Affekt gegen ein sogenanntes Grün- oder Biobürgertum zielt weniger auf dessen Klassenstatus als vielmehr auf seinen ideologischen Dekor.[18]

Weltoffenheitszone

Die These von den Abgehängten im Osten war soziologisch nicht zu halten. Sie wurde daher moralisch, angesichts der rechten Wahlerfolge und Bürgerproteste zusehends kulturell reformuliert. Per Weltoffenheitsrede konnte das westdeutsche Justemilieu seine Furcht vor östlicher Überfremdung endlich problemlos entladen – in einem Fremdenhass zweiten Grades und besten Gewissens. Man hasste schließlich Fremdenhasser. Angesichts der weltweiten Kriegs- und Armutsmigration offenbarte das Modernitätsbewusstsein West somit seine eigentümliche Dialektik: Eine einwandernde »Vormoderne« verunsicherte es weniger als die Nachlebenden einer anderen, einer nicht-westlichen Moderne. Von dieser spürte man einen distanziert verglei-

---

[18] Die ostdeutsche Persistenz des Bürgerlichen innerhalb von Kultursphäre und Wirtschaftsethos ist von der altbundesdeutsch dominierten Soziologie erst zu entdecken. Bislang typisch ist ihr Szenario einer »Bürgerlichkeit ohne innere Spannung«, weswegen die jeweiligen Nachfolger des Citoyens und des Bourgeois, des freiheitsliebenden Kulturbürgers und des privategoistischen »modernen Leistungsindividualisten« einander mit Verachtung und Ressentiment bedächten. Beide Gegensatzpaare entsprächen einem »Befund aus dem Ost-West-Vergleich«, meint Heinz Bude: *»Einübung in Bürgerlichkeit«*, in: ds./Joachim Fischer/Bernd Kauffmann (Hrsg.): *Bürgerlichkeit ohne Bürgertum. In welchem Land leben wir?*, München 2010, S. 189–202.

chenden, von jener einen unbefangen sehnsüchtigen Blick aufs Eigene. Daher die wohlfeile wie aufdringliche polit-mediale Umarmung einer einstmals sogenannten *Dritten Welt* über die Reste der Zweiten hinweg.

Doch Vielfalt, Buntheit, Bereicherung, das allfällige ABC der Weltoffenheit: es klang und klingt ein wenig zu beflissen. Es bleibt Kulturkonsumentensprache, tönt aus der alten westdeutschen Gewissheit, von konkreter Haftung und realer Geschichte dispensiert zu sein. »Weltoffenheit« ist das westdeutsche Substitut für »Weltläufigkeit«. Sie ist der Glaube, daheim im Eigenen bleiben und in allen Farben der Welt schillern zu können.

Heimkehrer und Dagebliebene

Heute ist es progressiv-aufgeklärter Konsens, dass Deutschland nicht nur den Deutschen gehört.[19] 1989/1990 aber war

---

[19] Der Indikativ »Deutschland ist ein Einwanderungsland« wird dabei stillschweigend zum ökonomischen und kulturellen Imperativ. Ein typisches Beispiel hierfür sind die öffentlich-rechtlich und damit leitmedial stark präsenten Publikationen von Naika Foroutan. Die Migrationserforscherin wirbt in ihrer jüngsten Aufsatzsammlung bei »Herkunftsdeutschen« für »[d]as postmoderne Deutschland als plurales, multiethnisches Bürgerland«. Im letzten Aufsatz der Sammlung, betitelt »Migrantisches Gold«, geht es freilich nicht mehr um Postmoderne-Buntheit und Ethno-Pluralität, sondern um Arbeitskräftenachschub im Niedriglohnbereich: »Deutschland wird nicht mehr Deutschland bleiben, wenn wir nicht endlich eine moderne Migrationspolitik betreiben, die smart und vorausschauend plant und erkennt, worauf wir als große Volkswirtschaft zusteuern, statt sich von rassistischer Panik treiben zu lassen. Wir konkurrieren um migrantisches Gold, weltweit.« Zit. nach: ds.: *Es wäre einmal deutsch. Über die postmigrantische Gesellschaft*, Berlin 2023, S. 36, S. 43, S. 267f.

für viele Westdeutsche schon die projektierte staatliche Einheit eine höchst befremdliche Aussicht. Sie würden nicht mehr mit sich allein sein in Deutschland. Vorwitzig hatten sie 1949 ihren Staat so benannt. Das sollte man in der sinkenden DDR wörtlich nehmen: Warum nicht endlich in einem Staat namens Deutschland leben, wenn man schon permanent in deutscher Geschichte und insbesondere Nachkriegsgeschichte gelebt hatte?

Als Heimkehrer in die gesamtdeutsche Geschichte nutzten Westdeutsche ihrerseits die Chancen, die sich im Osten boten. Zerknitterte Biografien konnten dort geglättet, zerbrochene Karrieren gekittet werden. Doch in Feuilletons, Romanen, Pamphleten, Bürofluren und Bahnabteilen klagten sie, dass sie im Osten noch nicht ganz unter ihresgleichen seien, dass sie sich fremd fühlten. Worin nur bestand das Befremdliche der Post-DDR? Vielleicht darin, dass man hier in einer anderen, älteren Form von Geschichte gesteckt hatte. Sie nahm in Haftung, war auf fatale Weise konkret, mutete darin geradezu nationalstaatlich an. Sie schloss den typisch westdeutschen Dualismus aus: die regionalpolitische Gemütlichkeit bei globalethischem Anspruch.

Heimatliteratur

Oft heißt es, die DDR sei erst nach ihrem Untergang entstanden. Der Bedarf an dieser postumen DDR war jedoch nicht in ihr selbst gewachsen. Hunderttausende Ex-DDR-Bürger erhielten ab 1990 ihre Identität als Ostdeutsche per Fremdzuschreibung. Als Volk ohne Geschichte waren die Westdeutschen auf den staatlichen Anschluss und den sozialen Ausschluss des Ostens angewiesen, um zum Bewusstsein des eigenen Selbst zu kommen. Um substanziell und dauerhaft zu werden, braucht Selbstbewusstsein die Erfahrung qualitativer Fremdheit. Der Westen, der 1990 zu entstehen begann, kann Fremdes nur als Minderversion seiner selbst begreifen.

Das westdeutsche Selbstbewusstsein war folglich stets gefährdet. Seit dreißig Jahren muss ihm eine nostalgische Literatur aufhelfen, deren Kernthema die alte Bundesrepublik, der rheinische Kapitalismus und die Westorientierung Adenauers bildet. Darin verschmelzen Wirtschaftswunder, Schutzmachtschirm und allerlei Emanzipationsgesten zu einem einzigen Erinnerungsblock. Dieser *ewige Westen*, der sich als Wohlstandsprovinz und via Wertegemeinschaft der deutschen Geschichte für immer entkommen glaubte, hat mit dem Wiedereintritt in eben diese schwer zu kämpfen: Es droht ihm so etwas wie der Ernst des Lebens. Nochmals Heinz Bude: »1989 ist die glückliche Zeit der ironischen Nation der Bundesrepublik mit einem Mal zu Ende gegangen.«[20]

Der Romancier Peter Prange bewarb seinen Bestseller »Unsere wunderbaren Jahre« (2017) als Erzählung »von einer Zeit, die mit der D-Mark begann und endete«, das westdeutsche Daseinsempfinden jedoch weiterhin präge.[21] Und ein

---

20 Heinz Bude gegenüber der *Märkischen Oderzeitung* vom 25. März 2013.

21 *»Denk ich an Deutschland: Peter Prange«*, in: *Deutschlandfunk* vom 22. März 2020.

unter Uckermärkern einsam gebliebener Dichter-Seher[22] aus Bad Ems sehnte sich weit fort aus unreiner Gegenwart: »Warum wir so rein sind: Erinnerung an eine zauberhafte Dürftigkeit, beinahe Unschuld, von heute aus empfunden, die jede Frühe besitzt, auch die eines Staatswesens, die Bundesrepublik der ersten Jahre.«[23] Jedoch: »Davon weiß hier niemand etwas.«[24] Der Osten Deutschlands erscheint in derlei Reinheitsträumen als bedrohlicher Fremdkörper. »Die Westdeutschen leben heute, gemessen an dem, was sie hatten, in einer beschädigten Republik«, hatte bereits 2004 der *ZDF*-Journalist Wolfgang Herles in »Wir sind kein Volk« geklagt.[25] Solcher Klageschriften gab und gibt es unzählige. Sie sind ersichtlich für ein heimisches Publikum gemacht. Hingegen blieben Bücher wie beispielsweise Jana Hensels »Wer wir sind. Die Erfahrung, ostdeutsch zu sein« (2018, zusammen mit Wolfgang Engler) an ein Gegenüber gerichtet, das damit als Norm anerkannt war. Der westdeutsche Glaube an die Existenz historischer Normal- und Sonderwege war akzeptiert.

In ihrem nachfolgenden Ost-Erklärbuch »Die Gesellschaft der Anderen« (2020, zusammen mit Naika Foroutan) legte *Zeit*-Autorin Hensel den Ostdeutschen nahe, diese westdeutsche Fremdzuschreibung zu verinnerlichen und selbst-

---

[22] Zur Bautätigkeit des Zugezogenen vgl. Botho Strauß: *Die Fehler des Kopisten*, München 1997, S. 7: »Auf einem Hügel in der Uckermark baute ich ein weißes Haus, und eigentlich sind es zwei [...]«.

[23] Botho Strauß: *Vom Aufenthalt*, München 2009, S. 151.

[24] Botho Strauß: *Die Fehler des Kopisten*, München 1997, S. 18f.

[25] Wolfgang Herles: *Wir sind kein Volk. Eine Polemik*, München 2004, S. 13.

bewusst nach außen zu wenden. Wie auch andere Migranten bzw. Minderheiten müssten Ostdeutsche sich als ein Kollektiv begreifen.[26] Dessen Unterrepräsentiertheit innerhalb der BRD-Führungsschicht wäre, sobald als ethnisch codierte Zurücksetzung benannt, durch allerlei Quoten abzuhelfen. Nicht-Privilegiertheit als Privilegierungsbasis also. Die Subjektwerdung, die hierdurch befördert werden soll, verlangt eine dauerhafte Selbstobjektivierung, ja Selbstethnisierung. Der Konstruktionsaufwand wäre hoch. Ein ostdeutscherseits kultiviertes Anderssein gliche in seiner Künstlichkeit dem Vergangensein, in das die westdeutsche Normgesellschaft ihre BRD durch die erlittene Einheit versetzt sieht.

Nun könnte aber genau diese alte, um ihre Erinnerungen zusammengedrängte (oder in diesen erst verfertigte?) Bundesrepublik der eigentliche Sonderweg deutscher Geschichte sein. Die Selbstpflege, die sie publizistisch betreibt, verlockt inzwischen jüngere Ostdeutsche zur Nachahmung; man denke an die »Dritte Generation Ost«. Das Gesprächs- und Geschäftsmodell der Identitätspolitik bleibt jedoch Politikersatz. Nicht die Artikulation eines ostdeutschen Andersseins in Deutschland verspricht Erkenntnis- und Souveränitätsgewinn. Aufschlussreicher wäre eine Analyse jenes Deutschlands, das zu seiner Selbstvergewisserung so dringend ostdeutschen Andersseins bedarf.

---

[26] Jana Hensel im Interview mit Naika Foroutan: *»›Das nennt man Emanzipation‹. Über Stereotype gegenüber Muslimen und Ostdeutschen und deren Aufbegehren«*, in: *Die Zeit* vom 1. April 2019; jetzt in: Naika Foroutan: *Es wäre einmal deutsch. Über die postmigrantische Gesellschaft*, Berlin 2022, S. 188–200.

Der Untergang[27]

Selbstbewusstsein dank Fremdbildproduktion: Für die altbundesdeutsche Identitätsfindung lieferten das Material zunächst und zulängst nicht die Ostdeutschen, sondern ihr Staat. Seit 1990 wurde er strikt mit seinem Niedergangs- und Auflösungszustand gleichgesetzt. Die Perspektive gab die deutsche Einheit vor, oft *Wiedervereinigung* genannt. Ob *Einheit, Beitritt, Anschluss* – für die DDR war es der Untergang. Über ihn kursieren in der bundesdeutschen Medien- und Wissenschaftswelt bis heute einige typische, immer wieder erzählte Geschichten. Einige widersprechen, andere ergänzen einander. Nur wenige berichten Neues über den verschwundenen Staat. Doch alle teilen etwas über das Land mit, in dem sie erzählt werden.

Notstandsnarrative

Am häufigsten wird man, gerade zu Untergangsjubiläen, die Freiheitserzählung hören. Gemeint ist zumeist politische Freiheit. Der Mangel bürgerlicher Rechte und Rechtssicherheit – der Basis für freie politische Betätigung – habe das Volk auf die Straße getrieben. Gefehlt hätte eine Basis für Bürgerlichkeit auch im materiellen und kulturellen Sinn. Dies mag als Erzählung, weniger als Erklärung taugen. Es gab repressivere Phasen in der DDR-Geschichte als die späten 1980er Jahre. Staat und Volk hatten Zeit gehabt,

---

[27] Der Aufsatz gleichen Titels aus dem *Merkur* 8/2020, S. 5–19, erscheint hier in aktualisierter und erweiterter Fassung.

sich aneinander zu gewöhnen. Man kannte einander, wusste ungefähr, was möglich war. Spontane Freiheitsaufwallungen hätte das nicht begünstigt. Auch die manchmal bemühte Parallele 1789/1989 spricht gegen Verhältnisse, die eine Revolution provozieren mussten. Weder Ludwig XVI. noch Erich Honecker zeigten einen außergewöhnlichen Unterdrückungsdrang. Beide schlugen nicht aus der Regentenart. Die politische Version der Revolutionsthese ist unplausibel, und zwar gerade hinsichtlich ihres Subjekts. Das Volk – sprich: eine Mehrheit – geht für Brot auf die Straße, riskiert aber nicht für Freiheit sein Leben. Gar für die Freiheit, endlich die Führung »mit dem Gesicht zum Volke«[28] erblicken zu dürfen! Einen Volkskampf für die Freiheit, satt zu werden, zeigten allein die rumänischen Hungerrevolten.

Die These vom wirtschaftlichen Bankrott war seit 1989/90 verstärkt zu hören. Auch sie kann als Erzählung vom DDR-Ende gelten, nicht als seine Erklärung. Für ökonomischen Niedergang gibt es ebenso wenig eine Prognoseregel wie für politische Repression. Beliebt bleibt die These bei frühen Beitrittsfreunden.[29] Hiergegen haben Ex-Wirtschaftsführer der DDR darauf verwiesen, dass die Bundesrepublik mit einem Vielfachen der Pro-Kopf-Verschuldung des Nachbarstaats in die deutsche Einheit ging.[30] Löhne und Gehälter konnten bis zur Umbruchphase gezahlt werden, die Inflation

[28] Gerhard Schöne: *»Mit dem Gesicht zum Volke«*, aus: *Du hast es nur noch nicht probiert – Live* LP 1988.

[29] Richard Schröder: *»Wie die DDR sich illusionär reich rechnet «*, in: *Welt* vom 18. Juli 2019.

[30] Vgl. *»727 Milliarden DM für die DDR?«*, in: *taz* vom 04. Februar 1990.

war moderat, die Liquiditätsreserve vorzeigbar.[31] Die Staatsschulden hatten Verrechnungscharakter innerhalb einer Staatswirtschaft. An auswärtigen Kreditgebern und -vergabewilligen für das gern marode genannte System fehlte es bis 1989 nicht.

Eine Variante der ökonomischen Untergangsgeschichte ist die militärökonomische vom Totgerüstetsein: Den DDR- wie den Ostblock-Ökonomien generell seien beim Wettrüsten sozialpolitische Grenzen gesetzt gewesen, da ja niemand an der Rüstung verdient habe.

In der Auflösungsphase der DDR hörte man derlei auch von frohlockenden Transatlantikern. Sie gratulierten sich nun dazu, auf Gorbatschows (und damit Honeckers) Abrüstungsvorschläge nicht eingegangen zu sein. Als Untergangsthese ließe dies jedoch unerklärt, warum der militärisch organisierte oder involvierte Bevölkerungsteil den DDR-Abschaffungsplänen nicht energischer entgegengetreten war. Diese Leute hatten etwas zu verlieren. Die wenigsten strebten nach 1990 ihre Übernahme ins Westmilitär an.

Schließlich wird man von einer unerträglichen kulturellen Enge der dritten deutschen Republik erzählen hören. Typische Erzählorte sind Erzählsofas auf Literaturmessen oder Rundfunkfeatures. Als Erzähler waren in den ersten Einheitsjahren meist nur Ausgereiste oder Dissidenten aus

---

[31] Auf Schröder replizierten die Ex-DDR-Staatssekretäre Klaus Blessing und Walter Siegert: *»Wie sich Richard Schröder arm rechnet«*, in: *Berliner Zeitung* vom 10. September 2019; zur Insolvenzthese ausführlich Klaus Blessing: *Die Schulden des Westens. Wie der Osten Deutschlands ausgeplündert wird*, Berlin 2005.

Sozialenklaven (Kirche, Untergrund) erwünscht. Nach der Jahrtausendwende begannen sich Westdeutschlands Feuilletons auch für ein spezifisch bürgerliches Leiden inmitten der proletarisch geprägten Alltags- wie der proletarisch gewollten Offizialkultur zu interessieren.[32] Im Enge-, Blässe-, Mief- und Stickluftnarrativ ist das Wort *Kultur* mehrdeutig. In einem engeren Sinn bezeichnet es eine Sphäre symbolischer Betätigung und zielt auf unterdrückte Kunstausübung oder beschnittene Forschung. In einem weiteren Sinn ist es synonym mit *Gesellschaft*. Diese sei in ihrer Ausdrucksfreiheit – meist gemeint: gegenüber der Staatspartei, somit dem Staat – insgesamt gehemmt und daher revolutionsgeneigt gewesen. Beide Bedeutungen von Kultur verschwimmen oft in einer spezifischen Heimatliteratur, worin es um Unterversorgung mit angloamerikanischem (Pop-)Kulturgut geht, um die traurig-witzigen Substituterfindungen, die widerständigen Keckheiten, die privatweltlichen Extravaganzen. Die ideologisch schroffe Version dieser Erzählung läuft auf totale Abgeschnittenheit von Kultur als *civilization* im westlichen Sinn, ja von Weltzivilisation hinaus.[33]

Für die These von der kulturellen Enge gilt wie für die politische Befreiungsthese, dass erlebte Unfreiheit erst ab einer bestimmten Einfluss- und Verantwortungsebene revolu-

---

[32] Typische Protagonisten waren die Dresdner Schriftsteller Durs Grünbein und Uwe Tellkamp. Später kamen Insider-Erzählungen aus kommunistischen und linkssozialistischen Remigrantenfamilien hinzu, die in der DDR eine ideologisch überformte Bürgerlichkeit erlebten.

[33] Im Osten oftmals vertreten durch SED-Nomenklatura-Sprösslinge (man denke an Topoi wie »Zonophobie« und »Schredderkultur« bei Monika Maron, Ines Geipel und anderen), im Westen typischerweise durch reuige Ex-Revolutionäre wie Wolfgang Kraushaar oder Gerd Koenen.

tionsträchtig werden kann. In den 1980er Jahren hatte sich jedoch ein Großteil der Jugend von der etablierten Sinngeber-Schicht abgewandt. Deren pädagogisches Kulturideal wirkte verstaubt. Reformträumerei und Sklavensprache, das Ringen um einen endlich krustenfreien Sozialismus oder wenigstens aufgeklärteren Despotismus, das Lauschen auf Dissidenzbotschaften bei Lesungen etablierter Schriftstellerinnen wie Christa Wolf – all das erschien einer jungen Generation schlicht als Kraftvergeudung. Das Subkulturelle war bereits die Hauptform jugendlicher Dissidenz, eine Heimat, in der man es sich auch und gerade nach West-Erfahrung »so richtig gemütlich machen«[34] wollte.

»Wir waren nicht außen vor, wir waren die Gesellschaft.«[35] Außen vor war der Staat. Mithin ging der Niedergang dieses Staats primär ihn selbst etwas an. Eine apolitische Stimmung würde sogar auf den Protest gegen ihn abfärben. Die drei gegenwärtig prominentesten Notstands- und Widerstandsnarrative bleiben erklärungsschwach, wirken wie *logificatio post festum*[36], auch in ihrer Kombination. Attraktiver scheint daher ein älteres Erklärungsschema, der Primat der Außenpolitik: Als die Sowjetunion taumelte, mithin der Exporteur und Erhalter des Kommunismus, musste es auch

---

[34] Christian Lorenz alias Flake: *Der Tastenficker. An was ich mich so erinnern kann*, Berlin 2017, S. 243.

[35] OL alias Olaf Schwarzbach, zit. nach: Jutta Voigt: *Stierblutjahre. Die Boheme des Ostens*, Berlin 2016, S. 244.

[36] Theodor Lessings These zufolge enthält nicht die Geschichte selbst einen verborgenen Sinn oder einen Kausalzusammenhang. Dieser werde erst im Nachhinein gestiftet, nämlich von der Geschichtsschreibung; vgl. ds.: *Geschichte als Sinngebung des Sinnlosen*, München 1919, S. 163.

um dessen Statthalter geschehen sein. Mit dieser Erklärung wäre das Problem jedoch nur verschoben. Denn nun müsste man fragen, warum überhaupt ein kommunistischer oder zumindest als kommunistisch gewollter Staat je entstehen und existieren konnte. Warum bestand ein System, von dem man behauptet(e), dass es auf Untergang programmiert sei, ein Dreivierteljahrhundert, länger als viele bürgerlich-liberale oder faschistische Staatsgründungen nach 1918?

Verfehltheitsexempel

Innenpolitische, ökonomische, kulturelle und außenpolitische Argumentation folgen der Logik ihrer jeweiligen Forschungsgenres. Medienöffentlich schillern solche Ansätze zwischen Erklärung und Erzählung. Gibt es weitere? Eine Antwort kann man auf dem unsicheren Boden von Geschichtspolitik und Geschichtsdeutung finden. Auf Erklärung im engeren, also kausalen Sinn verzichten Deuter von Geschichte meist zugunsten exemplarischer Darstellung. DDR-Dasein und DDR-Untergang werden so zu Lehrbeispielen für Gewissheiten, die unabhängig davon existieren. Die einschlägigen Untergangsdeutungen verwenden keine Binnenperspektiven und vernachlässigen Erfahrungen des DDR-Staatsvolks. Das Untergegangene und seine Reste sind hier Projektionsflächen altbundesdeutscher Konflikte. Staatsgebilde und Staatsvolk fungieren je als historischer Beifang der Einheit, den man einander gleich einem »Schwarzen Peter« zuzuschieben sucht.

Dergleichen Kämpfe sind mit dem Ende des Kalten Kriegs keineswegs obsolet geworden. Für konservative bis rechte Milieus ist die DDR nach wie vor die realisierte linke Utopie, ihr Untergang in menschlicher Hybris begründet und somit ein warnendes Exempel. Während das linksprogressive Meinungsmilieu nach 1989 viel publizistische Mühe darauf verwandte, die DDR als Altmännerstaat und Frauenarbeitslager zu überführen, sieht das rechtskonservative einen Staat von Traktoristinnen, Kriminalistinnen und anderen Hohnsprüchen auf des Weibes ewige Hausfrauennatur kollabiert. Ausgesprochen westlerisch, doch zugleich nationalkonservativ ist eine Untergangserzählung, die in die 1950er Jahre zurückreicht. In ihr heißt die östliche Staatsgründung *künstlich*. Das ist nicht ohne Ironie, weil darin die historische Reihenfolge verdreht ist – keine DDR ohne den Separatismus von Kanzleraspirant Adenauer, kein DDR-Exitus ohne den Einheitsplan von Kanzlerschaftsaufstocker Kohl. Als Staat, nicht unbedingt als Geschichtsraum, waren der DDR die Grenzen von außen gesetzt.[37] Zudem impliziert die Formel »künstliches Gebilde« das eigentlich unkonservative, zumindest unhistorische Konzept einer Normalgeschichte. Kurz: Hier wird ein Symptom der deutschen Spaltung zu deren Ursache gemacht. Formal erinnert die Künstlichkeitsthese an staatsmarxistische Verheißungen: In der historisch gesetzmäßigen Selbstabschaffung des sozialistischen Staates, nämlich im staatsfreien Kommunismus, wäre auch die DDR eine Übergangsgesellschaft

[37] Delikaterweise von denen, die erst »das halbe Deutschland ganz« (Adenauer) und dann das halbierte einem unveränderten ganzen eingefügt sehen wollten (Kohl).

gewesen, unterwegs zu einem Dasein gemäß wahrer (hier: kollektiver) Menschennatur![38]

Vor allem Rechte und Konservative schreiben den Zusammenbruch wie bereits die Gründung der DDR primär utopischen (ideologischen) Flausen der Führung zu, mithin dem sachfremden Eingriff in eine selbstregulative Ordnung der Geschichte: Ideen verkennen oder verderben diese Ordnung. Für linksalternative und linksliberale, inzwischen ins System integrierte Untergangsdeuter krankte der DDR-Staat umgekehrt an einem Übermaß von schnödem Machtrealismus (im Idiom der Gegenseite: »Realpolitik«). Ein solcher konnte utopische Ideen nur veruntreuen. Vergeblich hätten hiergegen Liedermacher zur Gitarre gegriffen und den Schnauzer gerauft. Politische Ideenlosigkeit, Mangel an revolutionärer Phantasie, verkrustete Strukturen bei den Staatssozialisten – dies nicht zuletzt durch ein kleinmütiges Wunschverhalten des Staatsvolks.

Seine zwergutopische, platt materielle Orientierung hätte sich bestens zur politischen Vormundschaft gefügt, wie im preußischen Obrigkeitsstaat eingeübt und im lässigen Rheinland stets vermieden. Auch den Untergang des Staatsgebildes selbst schrieb die einstige Westlinke solch kurzsichtig-kleingeistigem Wunschträumen zu. Sie selbst bejahte nunmehr aus vollem bürgerlichem Herzen die Einheit von Freiheitsrechten und Wohlstandssegen. Der DDR-typische Mangel beider hätte zur zonenvölkischen

---

[38] Eine der vielen, im Titel von Volker Brauns Drama erfassten Ironien des Staatssozialismus.

Regression auf historische Naherwartung geführt. Statt das Schicksal in die eigenen Hände zu nehmen, sei das Ex-Staatsvolk schon vor 1990 fortgezogen ins komfortablere Westnest oder erhoffte sich Lebenserleichterung durch Helfer von dort. Zwar komme und helfe und erkläre man weiterhin gern,[39] jedoch: die autoritär vorbehandelten Bewohner der politisch-kulturellen Brache blieben potenziell eine fünfte Kolonne der Reaktion.[40]

Trotz heftiger Polemik gegeneinander kommen beide Deutungsfraktionen in der *Totalitarismustheorie* überein. Durch sie versichert sich eine – nach Selbstauskunft – stets gefährdete Mitte ihrer Normposition. Ihre Bekenner rühmen sich langjähriger Erfahrung mit den Härten der Freiheit oder gar der Moderne überhaupt.[41] Somit kann das Zerbrechen der DDR entweder als Schritt ihres Ex-Volkes voran oder zurück zu vollerem, integralem Menschsein erscheinen, ob links als emanzipatorische Aufgabe, ob rechts als nationale Besinnung verstanden. Der DDR-Staat selbst gilt als untergangsreif entweder, weil ideologischer Exzess oder weil ideologische Stauung wirkten, weil er antifaschistische Hexenjagd betrieben hätte oder weil er postfaschistische

[39] Als die vormalige DDR-Hauptstadtzeitung fest in westdeutscher Hand war, konnte man dort gönnerhafte Bekenntnisse wie dieses lesen: »Ich blieb [in Sachsen-Anhalt] – und ich blieb gern. Es gab Krisen, das schon.« (Markus Decker: *»Zwei Länder in einem«*, in: *Berliner Zeitung* vom 1./15. [sic!]/3. Oktober 2016, S. 3).

[40] Zur einschlägigen Missionierungs- und Brachenmetaphorik in der DDR/Ostdeutschland-Deutung vgl. das entsprechende Stichwort in: Vf.: *Die Sprache der Einheit*, S. 81f.

[41] Mit einer angeblichen Furcht vor letzterer werden Entstehen als auch Zerfall der Ostdiktaturen bei Thomas Schmid, Gerd Koenen, Arno Widmann, Wolfgang Kraushaar und anderen Ex-Linken des Westens erklärt.

Diktatur gewesen sei. In beiderlei Sicht erscheint er als moralisch-materielle Unmöglichkeit.

Vor einer historischen Normalitätsimago wirkt die DDR damit ähnlich singulär wie das NS-Regime, das in den bundesdeutschen 1980ern aus der europäischen Zivilisationsgeschichte ins Unvorstellbare eines Zivilisationsbruchs eskamotiert worden war. Bereits in dieser medien- wie wissenschaftsdiskursiv längst befestigten Substitution von Erklärung durch Deutung konnten verschiedenste Politikmilieus atmosphärisch zusammenfinden. Heute fügt sich auch die Existenz der DDR in dieses Deutungsmuster. Als historisch abnorme Singularität scheint sie der kleinste gemeinsame Gegenbild-Nenner für »die gute alte Bundesrepublik« (Wolfgang Herles). Ein Phantasma aus Adenauerscher *splendid isolation*, Wirtschaftswunder und 68er-Revolte, das täglich realer wird und mit dem einschlägigen BRD-Heimat-Romantitel eines Peter Pranges »Unsere wunderbaren Jahre« entsprechend versehen wurde.

Unheilsgeschichte

Von höherem Allgemeinheitsgrad sind Interpretationen, in denen es primär um den Untergang des Sozialismus geht und der DDR-Untergang nur Kollateraleffekt ist. Das Spektrum der mediengängigen Versionen reicht von »Sozialismus ist nicht existenzfähig« bis zu »Realsozialismus ist nicht existenzfähig«, wobei die politischen Akzente zwischen 1989 (Nie wieder Sozialismus!) und 2024 (Kapitalismus ist keine Lösung!) dramatisch wechselten. Zwischen antikommunistischer Generalthese und spezifischer Realsozialismuskritik, aber auch zwischen Erklärungsanspruch und Deutungsinteresse steht ein Erzähltyp, der den DDR-Untergang symptomatisch und kausal diskutiert. Es ist der – zumeist apokalyptisch gehaltene – ökologische. Die Frage nach der politischen Besonderheit des DDR-Sozialismus löst sich in ihm auf.

Staatsökonomisch praktizierter Sozialismus figuriert hier als Abbild und Abweg des Großverhängnisses Industriezivilisation. Durch die ökonomisch schlechteren Startbedingungen Osteuropas nach 1945 im allgemeinen und Ostdeutschlands im speziellen habe man weitreichender Ressourcenvernutzung und Umweltverwüstung gehuldigt; das industrielle Verschleißprinzip musste aufgrund seiner territorialen Einhegung dort rascher zum Kollaps führen. Frei nach einem Bonmot Heiner Müllers: Die Zweite Welt hatte keine Dritte Welt als Müllkippe, welche die Schäden der Müllmachermaschine Erste Welt abgefangen hätte – wie ja auch östliches Deutschland und östliches Berlin wortwörtlich als Mülldeponien jeweiliger Westhälften dienten.

Diese Untergangserzählung konnte nach 1990 trösten, sicherlich nicht Staatsfunktionäre, jedoch reform- oder alternativsozialistisch bewegte Intellektuelle der damals mittleren Generation. Sie erlaubte einen düsteren Stolz historischen Erwachsenseins, eines zumindest intellektuellen Vorlaufs im Abstieg des Westens. Bei vielen marxistisch Geschulten hielt das bis weit nach 1990 an. Hier gerann die

Apokalypse zur griffigeren These einer »postindustriellen Transformationserfahrung« (Wolfgang Engler), die der Westen noch vor sich habe.

In ihrer schroffen Version ist die ökologische Untergangsformel weniger von erzählendem oder erklärendem als vielmehr von metaphysischem, oft quasireligiösem Wert. Sie wendet die DDR-Untergangserfahrung vom Historisch-Konkreten ins geschlossen Unheilsgeschichtliche. Am Beginn steht unausgesprochen ein Verhängnis, das mit der Geschichte selbst identisch scheint, zumindest mit der Expansionsgeschichte des Industriesystems. Erzählton ist ein zivilisationskritisches Grollen, ein Grollen über die eigene Ohnmacht und die Macht der Verblendeten. Kurz: eher etwas für Künstler- und Alternativmilieus. Castorf und Castorftheater setzten das in eine unverwechselbare Kunst- und Kommunikationspraxis um. Die Wachsamen des Westens argwöhnten hierin bald nach 1990 ein Zusammenschließen linker und rechter Kulturkritik an der liberal-kapitalistischen Moderne (Richard Schneider, Richard Herzinger, Thomas Assheuer). Doch sind deren Muster und Motive wohl kaum auf Tatsächlichkeiten einer spezifischen DDR-Untergangserzählung angewiesen.

Modernemetaphysik

Auf oft akademischer Ebene siedeln Erzählungen, in denen argumentative Genrelogik und politische Tendenz verschmelzen. Sie zielen nicht mehr bloß auf Strukturen von

Geschichte, sondern von historischer Zeitlichkeit überhaupt. Die Pointe solcher Großerzählungen findet sich in Robert Musils Wort: »Historisch ist, was man selbst nicht tun würde«.[42] Ihr Deutungsbereich ist in zwei Phasen unterteilt, deren eine, die Gegenwart, gleichermaßen sich selbst und ihr Anderes, also die Vergangenheit, reflektiert (oder »konstruiert«). Die Vergangenheit ihrerseits ist stummer Zeuge bei einem Selbstgespräch der Gegenwart, deren analytische Kategorien ihr nicht zugänglich waren. Das bloße *Dasein* der Deutungsmacht bedingt somit schon ein bestimmtes *Sosein* des Gedeuteten. Dualitäten wie *Geschlossenheit versus Offenheit*, *Statik versus Dynamik*, *Simplizität versus Komplexität* usw. werden immer vom zweiten Oppositionsglied bzw. dessen Platzhalter aus entworfen. Sie sind Teil seiner Selbstdeutung.

Das prominenteste Beispiel dieses Deutungstyps bietet nach wie vor die Modernisierungstheorie. Sie unterstellt Großepochen von historischem Sein oder Bewusstsein, die sich zueinander asymmetrisch verhalten. Die Gegenwart, das Moderne, ist die inhaltlich unbestimmte *Form* aller Erzählungen oder Deutungen.[43] Die Deutungsinstanz herrscht, indem sie sich von demjenigen freihält, was sie deutet; ihre Freiheit von aller dogmatischen Substanz sei heroischer Sinngebungsverzicht. *Modernität* bezeichnet folglich eine Freiheit (oder Freigesetztheit), die auf politisch

[42] Robert Musil: *Gesammelte Werke*, hrsg. von Adolf Frisé, drei Bände, Hamburg 1952–1957, Bd. 1, S. 226.

[43] Der Wirklichkeitsbegriff dieser Moderne ist, mit dem Wort Hans Blumenbergs, der »einer durch die Zeitform als solche und nichts zudem bestimmten Konsistenz«, ds.: *Höhlenausgänge*, Frankfurt/M. 1989, S. 13.

ungenießbare, aber intellektuell nährende Schicksalssubstanz aus Natur oder Geschichte angewiesen ist, auf Vormodernes, das durch ihre reflexiven Akte zugleich permanent als begriffene Form entsteht. Was wäre Freiheit ohne einen Gedanken an Gefangenschaft, was Fortschritt ohne das Grauen vor der Trägheit des Gewordenen?!

Der gefallene Staatssozialismus ist in dieser Denk- und Bewegungsstruktur ein Synonym für rohe Schicksalsmaterie, die als geistig-moralische Aufgabe bewältigt, das heißt narrativ geformt sein will. In solcher Untergangsperspektive war die DDR sogleich nach 1989 durch ihr pures Vergangensein politpädagogisch wertvoll geworden. Sie diente in den fortgeführten Lagerkämpfen der früheren Bundesrepublik als Beispiel totalitärer Neigungen von oben oder von unten, in den ersten Einheitsjahren im Stil eines »Nie wieder!« oder »Wehret den Anfängen!«. Ein essayistisches, zuweilen belletristisches Nachschaudern folgte.[44] Angesichts europäischer Währungsängste und drohender Wohlstandseinbußen taugte die DDR-Imago später auch regierungsamtlich zur Mahnung, in Demut der alten, schlechten, also sozialistischen Zeiten zu gedenken (Norbert Lammert in der Semper-Oper am 3. Oktober 2016)[45].

---

[44] Typisch hierfür ist eine Romanliteratur, die bürgerlich-realistischen Stilkonventionen des 19. und frühen 20. Jahrhunderts folgte und zugleich authentische DDR- bzw. Diktatur-Erfahrenheit signalisierte. Als diesbezüglich kanonisch und preiswürdig galt jahrelang das Schaffen von Erich Loest, Monika Maron und Uwe Tellkamp.

[45] Die Ansprache wurde trotz ihrer eigenwilligen Metaphorik und Grammatik mit einem Rhetorikpreis bedacht und vom leitmedialen Feuilleton ob ihres Mutes gelobt. Der Passus zu östlichem Undank: »Diejenigen, die heute besonders laut pfeifen und schreien und ihre erstaunliche Empörung kostenlos zu Markte tragen, die haben offenkundig das geringste Erinne-

Durch den modernisierungstheoretischen Blick auf die Untergegangene entsteht ein weites intellektuelles Experimentierfeld. Der leitkulturelle Himmel, der sich darüber wölbt, ist die Sonderwegsthese, mithin das westdeutsche Normalisierungsvertrauen. Ihm muss alles Nichtwestdeutsche prinzipiell anstößig sein. Geschichtsphilosophisch erzeugt das Mengenparadoxien: Die um den Osten vervollständigte Bundesrepublik ist das historisch-systemische Ganze, die DDR ein erst postum integrierbarer Teil. Die DDR ist dem westlichen Normaldeutschland realiter nur als Volk fassbar, dieses wiederum nur als Nachfolgekollektiv seines Staats und Absolvent »nachholender Modernisierung« (Jürgen Habermas, Hans-Ulrich Wehler). Als modernetheoretische Deutungsinstanz fungiert eine *imaginäre BRD*, begriffen als ewiger Westen oder »auf dem Weg« dorthin (Heinrich August Winkler, Arnulf Baring). Auch weniger BRD-zentrierte Deutungen, etwa geschichtsphilosophische Hypothesen von einem anderen, »asiatischen« oder auch »heroischen« Weg in die Industriemoderne (Rudolf Bahro, Heinz Dieter Kittsteiner), unterlegten dieses Muster. Die (real-)sozialistische Gesellschaft existiert hierbei durchweg in einem transzendentalen Aposteriori. Sie ist die Jakobsleiter, die man nach Aufstieg aufs historische Normalniveau zurücklässt. Wer dieses glücklich erklomm, erblickte ringsum Kapitalismus, nicht Kommunismus. Der Name seiner ewigen Gegenwart ist liberale Moderne.

---

rungsvermögen daran, in welcher Verfassung sich diese Stadt und dieses Land befunden haben, bevor die deutsche Einheit möglich wurde.« Zit. nach: Constanze von Bullion: *»Zuversicht und Pöbeleien am Tag der Einheit«*, in: *Süddeutsche Zeitung* vom 4. Oktober 2016.

Die Schwäche dieses Deutungstyps folgt direkt aus seiner Stärke, das heißt aus der darin verheißenen reflexiven und historischen Superposition des Deuters selbst. Das Muster wäre nämlich ohne Aufwand und Gewalt umkehrbar. Die DDR erschiene dann nicht mehr als Umweg zur deutschen Modernenormalität BRD, sondern als Form radikaler Modernisierung. Sie stünde zum Beispiel für eine Direktkonfrontation mit der Spannung zwischen ökonomischen Mitteln und kulturellen Zwecken, wie sie jede entwickelte Industriegesellschaft birgt, ja, mit Sinnproblemen überhaupt, die das industrielle Arbeits- und Wachstumsprinzip aufwirft. Dieses bleibt die *hardware* aller postindustriellen Aspiration. Auch die Direktkonfrontation mit modernetypischer Glaubens- oder zumindest Konfessionsferne wäre nicht mehr durch bürgerlich-christliche Nostalgien vereitelt. Geschichtstheologisch ausgedrückt: Die »östliche Gottverlassenheit« (Botho Strauß) wäre die stärkere, weil ungemilderte Bewusstwerdung eines der Moderne inhärenten Nihilismus.[46]

Womöglich erschiene die DDR dann zudem als zur Neige geleerte Nationalgeschichte, die bundesdeutsche (Selbst-)Erfahrung hingegen als bestimmt von nationalgeschichtlicher Unreife, ja staatspolitischer Unschuld (»Ich fühle mich nicht als Deutscher, sondern als Kölner und als Weltbürger!«).[47] Retrospektiv schrumpfte die BRD somit zum Teil,

---

[46] Wie ihn etwa Botho Strauß immer wieder in seiner neuen Wohnlandschaft Ost wahrzunehmen meint; vgl. ds.: *Die Fehler des Kopisten*, München 1997, S. 44f., und *Die Fabeln von der Begegnung*, München 2013, S. 234.

[47] Dies als Querschnitt von Äußerungen vieler Gäste, die der Kölner *Deutschlandfunk* in seiner Sendung *»Denk ich an Deutschland«* zu Wort kommen ließ.

der sich Ganzes dünkte; ein vielleicht nicht vorwitzig, jedoch vorzeitig der deutschen Gesamtgeschichte entschlüpftes Gebilde. Die Deutschen der blocklogisch bedingten Antwortgründung DDR hätten das Deutschland im historischen Vollsinn gebildet. Waren sie doch mit der brutal faktischen Zumutung (altmodisch: »Schicksal«) konfrontiert, sich als Verlierer-, wenn nicht Verbrechergemeinschaft bei voller Haftungspflicht zu begreifen; eine weitere, elementare Selbstkonfrontation, die alles politische Deuten, Wollen und Wünschen ab 1949 bedingen würde.

Die östliche Siegermacht von 1945 nämlich hätte deutsche Neutralität, jedoch keinen Eskapismus in ein Deutschland nach der Nation geduldet; jene typisch westliche Doppelexistenz aus Wohlstandsprovinz und Wertegemeinschaft. Westdeutschlands materielle und moralische Entgrenzungsphantasien konnten in blockfester Umgrenzung blühen, Phantasien von der Permanenz des Fortschritts in seiner doppelten Gestalt. Durch seine fatale Bindung an eine anders geformte, auch weiter zurückreichende Geschichte war dem Oststaat von fremder Hand die Uhr gestellt, doch nicht nur das: Das marxistisch imaginierte, posthistorische Reich grenzenloser Freiheit verlangte das Abarbeiten historisch terminierter Zusagen (»Hauptaufgabe materiell-kultureller Bedürfnisbefriedigung«). Vom ersten Zweijahresplan 1949/50 bis zum Wohnungsbauprogramm für die Neunziger sollte diese Uhr ticken.

Als jenes Deutschland, das weder Adenauer noch Stalin haben wollten, konnte man sich betreffs der eigenen Lage kaum Illusionen machen. Die Frage, ob diese Illusionslosigkeit politischer Intelligenz, gar Reflexionsüberlegenheit gleichkomme, entband im westdeutschen Feuilleton um 1990 viel böses Blut.[48] Für die älteste Generation Ostdeutschlands begründet die Doppelerfahrung der Systeme weiterhin ein Selbstbewusstsein, das passiv bleiben muss. Es war und ist nicht vollständig kommunizierbar. Stumme Zuhörerschaft bei den Reden, die der westdeutsche Teil unbefangen und unbelangbar übers deutsche Ganze führen darf, nach dem er sich seit je benannte, ließ resignieren. Die Kompetenz der historischen Erfahrung ist fest mit dem Untergang der Instanz verbunden, die sie erzwang. Überlegenheits- und Untergangsbewusstsein gehören zusammen.

Plebejischer Übermut

Gibt es eine Untergangsdeutung, die notwendige Reflexion und unvermeidliche Resignation vereinen könnte? Vermutlich muss man hierfür gerade bei der Begrenztheit der Daseinsbedingung DDR ansetzen. Im Gegensatz zur liberal-kapitalistischen Moderne machte die sozialistische Utopie stets konkrete Versprechungen. Sie goss soziale Zukunftsvisionen in staatliche Befriedigungsprogramme. »Fortschritt« verlor sich nicht im Unendlichen. Die Staatsutopie war falsifizierbar. Im Gegensatz zur Luftigkeit des

[48] Der sogenannte deutsch-deutsche Literaturstreit entzündete sich am Spätwerk von Christa Wolf, folgte in seinen Antworten einer Vorgabe des seinerzeit mächtigsten Kritikers. *»Macht Verfolgung kreativ?«* hatte Marcel Reich-Ranicki polemisch in der *Frankfurter Allgemeinen Zeitung* vom 12. November 1987 gefragt.

ideellen »Überbaus« war alles, was mit der materiellen »Basis« zu tun hatte, auszumessen und abzusehen. Absehbar deshalb: Hier war nichts mehr zu holen. Die DDR war auch in ihren Funktionären[49] ein Staat geworden, der sich nur noch selbst mitmachte. Entstanden war er realgeschichtlich aus rohen Zwängen (Niederlage, Teilung), ideengeschichtlich aus sozialem Machbarkeitsvertrauen. Durch diese doppelt geprägte Staatlichkeit konnte die DDR zu jener ironischen Gesellschaft werden, die das Jahr 1990 überdauern sollte. Sozialwirklichkeit erscheint hier konditional gegliedert: in Basis und Überbau, Zwecke und Mittel, Fern- und Nahziele historischer Anstrengung. Das eine kann sich am anderen blamieren. So entsteht ein ironisches Bewusstsein.

Ironie – mit all ihrer nihilistischen Potenz – verweist auf einen Denk- wie Daseinsraum, der ein vorbürgerliches Europa wie auch eine nichtbürgerliche Moderne sein kann. Die sozialistische Moderne aktualisierte Probleme kultureller Zweck-Mittel-Hierarchien unter industriegesellschaftlichen Bedingungen. Verheißen wurden eine massentaugliche Ausweitung eines antiken Ideals, nämlich der *beata vita*: kulturelle Freiheitsentfaltung oberhalb materieller Existenzsicherung. Letztere war garantiert. Das begünstigte jenen plebejischen Übermut, der einer bürgerlich-kapitalistisch oder zumindest kleinbürgerlich geprägten Gesellschaft wie der westdeutschen fremd bleiben muss. Er spielte noch in den unbefangenen Humor vieler Akteure auf den Straßen

[49] Denen zum Lebensglück ja zumeist, wie der DDR-Volksmund ätzte, nur noch D-Mark und Westauto fehlten!

und an den Tischen von 1989 hinein. Dass sie beiläufig die Existenz ihres Staates disponibel machten, kam auch aus jener Unbekümmertheit ums Materielle.

Ironisches Massenbewusstsein

Trotz des radikal gewollten Kulturbruchs mit NS-Staat und Weimar existierte die DDR in einem dichteren Netz geschichtlicher Traditionen und Abhängigkeiten als die BRD. Diese Fülle historischer Sinnbezüge, gleichermaßen präsent in Staatspropaganda wie Alltagserleben, garantierte jedoch nicht zugleich einen politischen Handlungsreichtum. Das prägte Regierungs- und Regiertenmentalität. Ironie ist genau dieses Bewusstsein auseinanderstrebender Denk- und Handlungsebenen, sie entsteht nur in historisch begrenztem Raum, in einer Übergangsgesellschaft. Sie steht damit diesseits der Sinnhomogenität aus westlichem Wachstums- und Performanzprinzip.[50] Dieses verurteilt durch seinen Ewigkeitsanspruch alle sozialen Performer dazu, ihre kulturellen Selbstbilder und materiellen Eigeninteressen bitterernst zu nehmen – und nichts sonst. Das gilt für die Konflikte der sogenannten Sozialpartner ebenso wie für deren innersoziale Konkurrenz. Eine sinnfalsifizierende Instanz existiert hier nicht; die Entgrenztheit und Eindimensionalität der Steigerungslogik schließt ironische Selbst-

---

[50] Es war im historischen Sonderfall BRD durch ein national entkerntes Selbstverständnis forciert, ausgespannt zwischen Kleinweltglück und Großmachtvertrauen. Vgl. Vf.: *»1968: Revolte und Regression«*, in: *Merkur* 6/2018, S. 79–87.

behauptung aus. Demnach gibt es auch keine endgültige Enttäuschung an irgendetwas. Man existiert in historischer Immanenz. Zwischen materieller Existenzsicherung und sozialem Geltungsgewinn, zwischen öffentlich und privat, zwischen Werktag und Sonntag verläuft im Westen keine scharfe Grenze.

Die zugehörige Dauer(ver)spannung ist östlicherseits anfangs als Gehetztheit, Freudlosigkeit und Aggressivität eines schlecht justierten Selbstbewusstseins wahrgenommen worden. Allmählich konnte sie als Statusangst einer seelisch nuancenschwachen Gesellschaft begriffen und nachempfunden werden. Doch selbst dann war das Performanz-Prinzip mit all seinen politischen und kulturellen Zwängen (oder Zwangsvorstellungen) in der Post-DDR-Gesellschaft nicht durchzusetzen. In ironischen Gesellschaften bleiben Sprache und Handeln semantisch, nicht performativ codiert.[51] In ihnen gibt es einen Feierabend der Performanz, einen Unterschied von Offizial- und Privatsprache, ein Gefühl für deren unzulässige Konfusion. Man verständigt sich über Ideen oder über Fakten, fingiert oder referiert Objektiv-Überpersönliches. Man führt nicht die eigene Person ins Feld. Das DDR-allgegenwärtige Phänomen des Funktionärswesens hatte genugsam gezeigt, wie eine personifizierte Idee, wie das Ideenpriesterliche zum Komischen bodenloser Anmaßung geraten kann. Die Blase löst sich ab, verweist in ihrem Schweben aber auf den Grund, dem sie entstieg. Ihr lautloses Zerplatzen 1989ff. konnte keinen Furor mehr machen.

---

[51] Sprechen bedeutet etwas, weil es nicht mit Handeln gleichzusetzen ist, sondern sich in ihm bewähren muss.

Ideologiepriester, Funktionäre, das waren Menschen, die ihre Sozialhöhe durch besondere Basisnähe rechtfertigten. Der Anblick solcher Sonderexistenzen erzeugt ein ironisches, kein zynisches Massenbewusstsein. Der heute grassierende Zynismus angesichts von Funktionseliten[52] hingegen entspricht einer prinzipiell gewordenen, frustrationsresistenten Bereitschaft zur Illusion. Die liberale Moderne muss – wie jeder Bürger, jeder Performer in ihr – zuallererst sich selbst überzeugen; die erhobene Stimme ist ihr Beweis, der sein Ertönen nicht überdauert.

Finale Ermüdung

»Westliche Moderne« verheißt den Ihren, ganz aus dem Eigenen sein und wirken zu können und hierbei nur an äußere Grenzen zu stoßen. Die Verhaftung Ostdeutschlands in einer »anderen Moderne«, auch in Denk- und Gefühlsweisen Alteuropas, machte für den Unterschied sensibel. Durchweg ist soziale Existenz hier innerlich geschichtet. Man rechnet mit Grundsicherheiten, aber auch mit Aufstiegsgrenzen. Der Marxismus des 19. Jahrhunderts hatte diese Bedingungsstruktur endlich aufklären und sozialemanzipatorisch wenden wollen. Statt materiellen Anspruchsverzichts forderte er einen kulturellen Illusionsverzicht; er folgte einem realistischen Impuls. Das parteipropagierte Basis-und-Überbau-Denken des 20. Jahrhunderts war dann zu einem Realismus der Massen-

---

[52] Als Intimkenner und Dauerbeobachter zum Zynismus der Funktionseliten vgl. Harald Welzer in: *Energiewende-Magazin*, PDF, April 2019, S. 1f.

beglückung mutiert. Es hatte all jene Fragen kultureller Sinngebung und materieller Ansprüche aufgenommen, die das industrielle Wachstumsprinzip stellt. Als lösbare Fragen konnten diese nur bei fortbestehender Orientierung an vorindustriellen – christlich oder humanistisch formulierten – Zwecksetzungen erscheinen. Zur Entfaltung der industriellen Mittel wollten sich die kulturellen Zwecke jedoch kaum mehr finden. Was in der Nachkriegsgesellschaft West in den späten Sechzigern virulent werden sollte, war über der Trümmerlandschaft Ost gleich 1949 als Frage aufgehängt: Welcher Konsum kann die Arbeit, welches Produkt den Aufwand seiner Erzeugung rechtfertigen? Die Antwort verlautete zweistimmig: kulturell als Verklärung der Arbeit, politisch als Einschüchterung der Arbeitenden.

Die Frage selbst ist älter als die sozialistische Industriemoderne, wurde aber nur in ihr explizit beantwortet. Alle Sozialismen setzen auf Eingriffe in die industrielle Megamaschine; Eingriffe, die man mit dem staatsmarxistischen Idiom ihrerseits ideologisch, überbaulich nennen müsste. Der Sinn, zunächst: ökonomischer Entbehrung in den Aufbaujahren, dann: industrieller Anstrengung im »entwickelten Sozialismus«, sollte nie schlicht in ihnen selbst liegen. Somit hatte zuerst die sozialistische Arbeitsdiktatur und Feiertagsidylle eine neue Idee des Sonntags aufzubieten, nachdem der bürgerlich-christliche in kulturellem und politischem Nihilismus zerfallen war. Nach dem Notwendigen, selbst nach der Fron in sowjetischen Umerziehungslagern – *культура*; bescheidene Transzendenz, auf befriedigte Notdurft gegründet. An diesem Schichtungsmodell der sozialen Existenz hielt die Führung bis zuletzt fest. Sie erregte damit Widerwillen, aber kaum direkten Widerspruch. Wie sollte man auch nichtgehaltenen Versprechen widersprechen? Ein Massenbewusstsein der Dialektik von Zwängen und Freiheiten war der unvermeidliche Nebeneffekt propagierter »Einheit von Wirtschafts- und Sozialpolitik«. Jede Freiheit war durch einen Zwang konkretisiert.

Gerade weil die Gesamtstruktur von Herrschaft wie Gesellschaft auf Egalisierung und Vereinfachung lautete, musste die individuelle Existenz komplexer, wohl auch komplizierter geraten. Es gab schlichtweg mehr abzuwägen, mehr auszuhalten und auszutragen. Es fehlte die BRD-typische Pluralität bergender, entlastender, abgrenzender Milieus, innerhalb derer der Einzelne moralisch immer Recht bekommt und intellektuell versimpeln darf – wo er guten Gewissens einseitig sein darf. Deshalb war der DDR-Oppositionelle typischerweise der weltanschauliche Weitherzige, nicht der emanzipatorisch oder religiös-dogmatisch Eifernde. In seinem Denken und Fühlen musste mehr Platz für Divergenz sein, auch für jene der staatskritischen Impulse. Auch dies war historisch unvorhersehbare Dialektik: Der SED-Staat suchte Gesellschaft von oben zu schaffen und Milieus aufzulösen, wodurch individuelle Vielfalt einander ungeschützt begegnen musste. Somit erwuchs dem DDR-Volk Individualität im ungewollt bürgerlichen, innere Diversität in einem geradezu bobo- oder zumindest kulturbürgerlichen Sinn. Und das konnte ermüden. Nicht nur die teilungshistorische Bürde, auch existenzieller Kummer waren in diesem Land dank stabiler Sozialumrahmung gründlicher auszukosten. Man konnte mit Niveau und in Ruhe unglücklich sein. Klassiker des zerquälten Bewusstseins wie Kleist oder Trakl waren schlichtweg Lebenshilfeliteratur, nicht Leistungskursqual.

Das Komplexe ist freilich auch das Gefährdete, Zerbrechliche. Der Westen mochte bunt und billig wirken in seiner gemachten (performten) Identität, doch gerade in seiner quietschbunten Künstlichkeit verhieß er eine Erholung vom anstrengenden, vom echten Leben. Nach 40 Jahren Teilungsgeschichte schien dem DDR-Volk diese Erholung redlich verdient.[53] Ein ästhetisch-intellektuelles Beobachtervergnügen am Absterben eines Staates – ob durch Erfüllung seines Programms, ob durch Erschöpfung seiner Möglichkeiten – war kaum mehrheitstauglich. Die frivolen Genüsse der Ironie können individuell ergriffen, aber nicht kollektiv organisiert werden. Jede Herrschaft der Ironie zerbricht durch ein neues Vertrauen auf die Metapher (zum Beispiel »Volk«), durch Begrenzung der Phantasie und Entgrenzung der Praxis, durch Abbruch der Reflexion und Aufbruch zu neuer Naivität.[54] Diese tastet die Skepsis des

---

[53] Der Weltkonsum ironischen Massenbewusstseins kann in der Tat unbefangen bis zur Frechheit wirken – einer plebejischen Frechheit, wie ihre kleinbürgerlichen Kritiker richtig erkannten. Vgl. exemplarisch Detlef Pollack, der das als »großspurige Underdog-Mentalität« beklagt, die sich auf »ignorante und sozial rabiate« Weise die Schätze der bürgerlichen Hochkultur aneignete. Beispielsweise konnte »es diesen neuen Liebhabern klassischer Musik nicht abgewöhnt werden, zwischen den Sätzen zu klatschen«! ds.: *Das unzufriedene Volk. Protest und Ressentiment in Ostdeutschland von der friedlichen Revolution bis heute*, Bielefeld 2020, S. 220f.

[54] So spekuliert empirisch überzeugend der Historiker und Literaturwissenschaftler Hayden White (*Metahistory*, 1973, deutsch 1991); er folgt damit Giambattista Vicos Modell einer *storia ideale*.

individuellen Bewusstseins nicht an. Man lässt einen Staat sterben und lebt weiter.

Präambel für die nächsten Einheitsjubiläen

Durch ihren Untergang hatte die DDR sich verwirklicht; sie hatte sich historisch vollendet und zum metahistorischen Faktum verewigt. Sie bestimmte nun ihrerseits jahrzehntelang den Blick auf einen Daseinskomplex, worin man sich selbst nie die Uhr zu stellen wagte – auf die westliche Geschichte diverser Entgrenzungen, populär: Fortschritte. »DDR« bedeutet heute wie gestern das Bewusstsein um Grenzen. Dieses Bewusstsein ist *Skepsis*, die in den postkommunistischen Gesellschaften erstmals von einem Intellektuellen-Habitus zur seelischen Grundausstattung der Massen wurde. Daher bis heute deren geringere Verführbarkeit durch die andere moderne Utopie, die westliche liberale (oder liberalistische). Sie folgt einer Steigerungslogik, die mehr vom Gleichen will, auch wenn dieses Gleiche inzwischen zum Leben an sich, zum Leben der Menschheit, ja zum Weltleben oder schlicht zum Weltklima ernannt worden ist.

In ihrer vermeintlich defensiven, grünen Variante erweist sich die westliche Utopie als bauern-, vielleicht aber auch nur beamtenschlauer Supra-Industrialismus. Er verspricht das westliche Konkurrenzprinzip ins Harmlose, weil Lebensdienliche zu wenden. Historische oder auch nur menschliche Neuigkeiten bringt diese ewig sich »spät« fühlende

Moderne nicht. Ein oft freudloser, äußerlich formloser, innerlich angespannter Typus beherrscht ihre Szene. Der lebenspriesterliche PC-Bobo ähnelt dem Menschen der Ära Louis-Philippes; er ist schwach im Wirken, stark im Wünschen. Eine Figur, die man auf allen Ebenen der Ehemaligen bereits wimmeln sah.

Radikaler Konformismus[55]

Jener Mensch der Zeit Louis-Philippes – dem französischen Geschichtsdenker Alexis de Tocqueville zufolge »sanft und gierig« – bildete im Blick der nur wenig Jüngeren bereits eine *Generation*. Sie nutzte diesen Begriff noch kaum, hegte jedoch schon den typischen Groll der Jungen gegen die Alten, der Ambitionierten gegen die Saturierten. Dennoch: Die vielleicht glücklichsten Jahre Frankreichs nannte Tocquevilles Zeitgenosse Ernest Renan die Julimonarchie, eine wenigstens außenpolitisch windstille Ära. Den Gründerjahren in Deutschland ist ähnliches nachgesagt worden. Allerdings etablierte sich bis zum Ersten Weltkrieg hier der Begriff der Generation als historischer Zeitmesser. Die deutsche Geistesgeschichtsschreibung um Wilhelm Dilthey verwendete ihn noch rein retrospektiv. Ein Jahrhundert später sollten Generationen sich selbst im Buchmessetakt ausrufen. In den meisten dieser Generationserfindungen spielt die Hoffnung mit, durch bloße Geburt, wenn nicht durch bloße Jugend, politisch und kulturell repräsentativ zu wirken, sprich: individuelles Paradigma von etwas historisch Allgemeinem, mithin Bedeutungsvollerem zu sein.

Hierin ist und bleibt die sogenannte 68er-Generation (meist schlicht gemeint: die 1940er-Geburtsjahre) Westdeutschlands für alle Nachfolger so vorbildhaft wie unerreicht. Wer sich unter diesem Generationstitel versammelt, beweist ausgeprägtes Jahrgangsbewusstsein, empfindet sich durch

---

55 Teile dieses Essays erschienen unter dem Titel *»1968. Revolte und Regression«*, in: *Merkur* 6/2018, S. 79–87.

einen klar definierbaren Zeitgeist beschwingt und akzeptiert die Zahl als Gruppenidentität. Gewiss, aufs Gesellschaftsganze gesehen gilt: »Die Achtundsechziger waren und bleiben eine wohlhabende westliche Subkultur«[56] – aber doch eine, deren jahrgangstypisch genannter Narzissmus die westdeutsche Kollektivseele insgesamt prägte. Mit Sicherheit werden Veteranen der Revolte auch die Buchhandlungen und Bibliotheken 2028 wieder um einige Regalmeter Erinnerungsliteratur erweitert haben. Angesichts dieses Chors wohl unverändert hochtönender Bilanzen vermisst man schon heute eine Stimme wie die von Panajotis Kondylis (1943–98). Nach Zusammenbruch des Ostblocks hatte der griechisch-deutsche Gelehrte mit grimmiger Prägnanz formuliert, warum nicht 1968, sondern 1989 das Offenbarungsjahr der sogenannten 68er Westdeutschlands sei: In Massen hätten diese sich auf der nun »endgültig ermittelten richtigen Seite der Geschichte« versammelt. »Pikanterweise befinden sich darunter Leute, die noch gestern die Entfremdungsideologeme im Munde führten und die ›Manuskripte‹ des jungen Marx unterm Arm hielten, aber in der Atmosphäre von 1989 den längst fälligen letzten Schritt zur Versöhnung mit dem ›System‹ taten. Ethische und politische Inspirationsquelle war auch in diesem Fall die normative Kraft des Faktischen. Nach dem Schiffbruch der Utopie des Ostens machten sich die domestizierten Überbleibsel der ›Linken‹ die Utopie des Westens pauschal zu eigen, und ohne viel Federlesens tauschten sie den ›Antifaschismus‹ gegen den ›Antitotalitarismus‹ aus. Sie werden

[56] Wolf Wagner: *Ein Leben voller Irrtümer. Autobiographie eines prototypischen Westdeutschen*, Berlin 2017, S. 270.

sich zum zweiten Mal nacheinander getäuscht haben, sollte die Globalisierung westlicher Wirtschaftsform und Ethik nicht die Verwirklichung der entsprechenden Utopie, sondern gewaltige Verteilungskämpfe und Katastrophen planetarischen Ausmaßes nach sich ziehen.«[57]

Von der Weltrevolution in die Nischenwelt

Jahrelang hatten die (Ex-)Revoluzzer wie ihr Land auf Kosten einer gut weggesperrten Deutschland-, ja Welthälfte gelebt. Der Kollaps der Zweiten Welt wurde bald nach 1990 als Vorspiel zum Ansturm der Dritten auf eine selige Insel erlebt. Doch wäre es übertrieben, das Frösteln speziell der westdeutschen Ex- oder Post-Linken im östlich einströmenden Zugwind als Verrat an 1968 zu deuten. Sehnsucht nach Weltenweite bei gleichzeitiger Abdichtung gegen banale scheinende historische Realitäten ist eine Konstante bundesdeutscher Emanzipationsmentalität. Stets blieb die Ausschweifung ins Ideelle, gar Utopische an gern verleugnete (oder verklärte) Engen und Zwänge der konkreten Daseinskondition gebunden. Was namentlich der Studentenbewegung der Jahre 1967–69 den Impuls gab, spiegelte eher westdeutsche Nachkriegsbesonderheiten als die weltweiten Umbrüche wider. Ein Unbehagen am puren Leistungsprinzip, mit moralischen Empörungs- und kulturellen Erweckungsgesten drapiert, lag nahe. Typische Sinnirri-

---

[57] Vgl. Panajotis Kondylis: »*Der nächste Verrat der Intellektuellen*«, in: *Das Politische im 20. Jahrhundert. Von den Utopien zur Globalisierung*, Heidelberg 2001, S. 39 und S. 42f.

tationen eines Daseins in entfalteter Konsumgesellschaft also, durch die Sauerstoffarmut eines Frontstaatsdaseins verstärkt.

Und hierbei kam Nationalspezifisches ins Spiel, dem diese erste Friedensgeneration zunächst durch Weltrevolution und Räterepublikanismus, später durch Ich-Bewirtschaftung und Gruppen-Esoterik auszuweichen suchte. Von Nazideutschland war ein Krieg ausgegangen, den Ostdeutschland verloren und Westdeutschland gewonnen hatte. Das war mit jedem Nachkriegsjahrzehnt deutlicher zu sehen, doch kehrte sich der Blick erst schamvoll, dann gleichgültig ab. Deutschland als gemeinsame historische Erfahrung verblasste nach und nach. Die junge Generation des Westens spürte den historischen Irrealis ihrer Existenz. Doch sie profitierte von der ungleichen Teilung des Landes, speziell durch den weitgehenden Reparationserlass. Die materielle Basis ihres Protests waren Marshallplan und Wirtschaftswunder. Diese von den schuldigen Eltern wie den fremden Siegern garantierte Basis der Revolte hätten die 68er nie aufgegeben.

In ökonomischem Sicherheitsgefühl und kultureller Langeweile erblickten konservative Kritiker seinerzeit Voraussetzungen der Revolte. Dennoch langweilten sich nicht alle Schichten der BRD-Gesellschaft. Die Mehrheitsfähigkeit des Protests unter den Jüngeren, überhaupt der Rhetorik von Gekränktheit durch Gängelung (»Zwischenprüfungsterror«, »Leistungsterror«, »Konsumterror«, »Polizeiterror« usw.), wurzelte in gewachsenem Vertrauen auf sozialstaatlichen

Rückhalt, auch auf weiteren Aufstieg zu einer sozial haltbaren Kleinbürgerlichkeit. Selbst als das revolutionäre Subjekt oder zumindest das Objekt revolutionärer Erziehung (etwa in den Opel-Werken) gefunden schien, blieb die Verbindung zu ihm unverbindlich. Die studentische Rede von Revolution und Klassenkampf war Beschwörung, nicht Beschreibung erlebter Realität. Von Anbeginn zeigte sie eher Züge eines Kulturwandels denn eines Sozialkonflikts. Der Protest kam aus dem Milieu jener jungen Herren und Damen, die sich soeben noch mit »Sie« angesprochen hatten (das Universalanduzen dann eine erste ihrer Befreiungstaten).

Sie hatten bestenfalls eine Universitäts- oder Kulturbetriebskarriere vor sich und bewegten sich somit in einer sozial und politisch abgeschirmten Sphäre der BRD-Gesellschaft. Letzteres unterschied sie von der studentischen Generation jener anderen Ex-Achsenmacht, der es durch die Atombombenabwürfe 1945 leicht gemacht war, sich als verletzte Nation zu fühlen.[58] Die Suspension von nationaler Schuld- und Schuldengeschichte trennte die westdeutschen aber auch von den französischen Studenten des Mai '68, welche der Revolte den Namen geben sollten. Zwar wollten schon diese durch marxistisches, vermeintlich arbeiternahes Vokabular ihre Herkunftsenge in Richtung Weltrevolution überschreiten. Wie jenseits des Rheins suchte man in den Erniedrigten dieser Erde die Verbündeten gegen die bürgerlichen Väter. Doch war der Bezug zu

---

[58] Vgl. Manfred Kittel: *Nach Nürnberg und Tokio. »Vergangenheitsbewältigung« in Japan und Westdeutschland 1945 bis 1968*, München 2004.

Welt und Geschichte für eine sinkende Kolonialmacht und – wenngleich kollaborativ-zwielichtige – Siegermacht des Weltkriegs deutlich handfester. Wie konnte man sich noch als europäisch-kontinentaler, sozial privilegierter Franzose begreifen, wenn man sich mit den »Verdammten dieser Erde« (Frantz Fanon), beispielsweise denen in Algerien, im gemeinsamen Kampf sehen wollte? Die bundesdeutschen 68er wuchsen als Kinder einer Generation heran, die sich aus nationaler Haftung bis 1989 beurlaubt fand. Seitdem erzählen sie von der Einbindung in den Westblock als ihrer ureigenen, oft auch unteilbaren demokratischen Erfolgsgeschichte.

Der Glaube an deren unendliche Dauer bedurfte eines kräftigen historischen Kontrasts. Der Faschismusverdacht, -vorwurf, -vergleich gehört seit 1968 zum politkommunikativen Standard der Bundesrepublik. Wenn es eine deutsche Lockerheit nach 1945 gegeben hat, dann im Suchen und Finden von NS-Analogien, im Zeitjargon: Faschistoidem. Die Revolutionäre an den BRD-Universitäten waren angetreten, um mit dem Kapitalismus/Imperialismus als auch – wenigstens postum – mit dem Nazismus aufzuräumen. Doch weder die Herausbildung des Sozialstaats noch die juristische Neubewertung der NS-Verbrechen in den Spätsechzigern gehen aufs Konto der Revolutionäre. Allenfalls die schiefe und doch bezeichnende Metapher steuerten sie hierfür bei: Vergangenheitsbewältigung. Die Reformen des Hochschulwesens und andere Veränderungen, etwa bei der Berufstätigkeit der Frau, hatte »das System« bereits selbst auf den Weg gebracht. Die 68er agierten als – meist blinde – Passagiere im Modernisierungsexpress. Mitläufer des Zeitgeistes wie schon ihre Eltern, ideologisierten sie deren Mitläufertum nachträglich zum moralischen Versagen aus falscher Idee. Die richtige hielten sie in einer Mixtur aus Marx, Mao und Freud bereit, gegen die der östliche Staatsmarxismus als Hort philosophischer Solidität erscheint. Psychologieselige Innerlichkeit gab der westdeutschen Aufarbeitung zusehends das Gepräge. Realpolitische Buße in Form materieller Wiedergutmachung und staatlicher Umerziehung zum Antifaschismus fehlte – war jenseits aller Erfahrung. Charakteristisch daher der rhetorisch-performative Zugang zur NS-Zeit, auch seine Selektivität. Das Leiden osteuropäischer Zwangsarbeiter betrachteten der 68er und seine globalempathischen Nachfahren lange recht kühl.[59]

Manche Abtrünnigen der Bewegung sollten formale Ähnlichkeiten mit der ebenfalls jugendverherrlichenden Revolte von 1933 entdecken.[60] Präziser wäre der Hinweis auf das gesteigerte Autoritäts- und Eindeutigkeitsbegehren. Die brutalsten Diktatoren (Mao, Pol-Pot) schienen 1968 als weltrevolutionäre Vaterfiguren gerade gut genug, die sowjetisch geformten Staatssozialismen galten als ideologisch lasch und materiell korrumpiert. In den charismatischen Erneuerern Lateinamerikas oder Ostasiens konnte man beides

---

[59] Vgl. Constantin Goschler: »*Die Bundesrepublik und die Entschädigung von Ausländern seit 1966*«, in: Hans Günter Hockerts (Hrsg.): *Grenzen der Wiedergutmachung. Die Entschädigung für NS-Verfolgte in West- und Osteuropa 1945–2000*, Göttingen 2006, S. 94–146., hier besonders S. 144f.: »Ost-West-Konflikt und Opferkonkurrenz«.

[60] Vgl. pars pro toto Götz Aly: *Unser Kampf: 1968 – ein irritierter Blick zurück*, Frankfurt/M. 2008.

erblicken: Revolteure gegen eine Ordnung wie Ordnung schaffende Siegerfiguren. Beides waren die eigenen Eltern nicht gewesen. Die Liebe zu ausgesuchten Massenmördern etwa in Fernost zeugte weniger von politischem Radikalismus als von heftigem Bedarf an ideologischer Daseinsüberwölbung. Gerade durch diesen neuen, kulturellen Versorgungsanspruch erhoffte der bereits herangereifte Konsumententypus seine endgültige Mündigkeit.

Komfortabel darum die Niederlage auch gegenüber dem Kapitalismus, repräsentiert durch das »Schweinesystem«. In seiner BRD-Variante bot es dem expandierten Bedürfnis zunächst nach Ideologiekonsum, später: ideologiekonformem Konsum, zwei Erfüllungszweige. Neben die neu geschaffenen Marktnischen der alternativen Ladenwelt trat eine Sekundärwirtschaft steuerfinanzierter Projektprojekte, oftmals eine Melange aus beiden. Klassenkampf gehörte nicht mehr dazu. Die Verachtung des »Prolls«, das heftige Bedürfnis, sich an ding- wie ideenkonsumtiv zurückgebliebener Unterschicht der eigenen Bürgerlichkeit oder zumindest Mittelklassigkeit zu versichern, gehört heute zum kulturellen Standard bei den Ex-Bewegten.[61] Nach dem Anschluss des Arbeiterstaatsgebietes fand letztlich auch hierin nur das kleinbürgerliche Innenwesen der Bundesrepublik zu sich selbst. Ostblockintellektuelle waren oft mitten unter Arbeiterkindern sozialisiert worden und somit sensibel für das Realitätsferne theoriebeschwerter Politik und Sprache.

---

[61] Die bundesdeutsche »Proll«-Verachtung ist innerhalb des europäisch-transatlantischen Westens kein isoliertes Phänomen. Sie wird überall durch progressiv-bürgerliche Milieus artikuliert; vgl. die Blütenlese bei Owen Jones: *Prolls. Die Dämonisierung der Arbeiterklasse,* Mainz 2012, S. 31.

Dagegen haftete dem 68er-Intellektuellen wie seinen Nachfahren immer die Künstlichkeit sozialer Kontaktversuche an: Der Student aus gutem Hause muss ein Praktikum machen, um ein paar Monate Praxis zu erleben. Weltbefreiungs- oder Weltverbesserungseifer fügte sich seit je zu formidabler Weltfremdheit.

Letztere gestehen Veteranen von 1968 verschämt ein, wenn es um ihre Affäre mit dem Kommunismus geht. Er verlockte sie als Erfüllungsmedium ihrer Reinheitswünsche; er schien weltenthoben und zugleich zur Weltherrschaft berufen. Doch bewies diese ihre Neigung zumindest geistesgeschichtliche Stringenz. Der Kommunismus hatte seine Märtyrer und Inquisitoren, seine Dogmatiker und Häretiker; er war ein Versprechen von Intensität, von gesteigertem Leben. Zudem haftete ihm in der Bundesrepublik moralischer Glanz an, blieben hier doch die Kommunisten auch nach 1945 unterdrückte Ecclesia. Sein Idiom aus Zwischenkriegszeiten – *Streik, Kampf, Widerstand, Verfolgung, Terror* – ist in abgeschwächter Form bis heute zu hören, wo alternativkulturelle Nachläufer der Revolte vornehmlich gegen Subventionsstaus aufbegehren. Die 68er-Generation war im Westdeutschland des Kalten Krieges herangewachsen, wo die Gleichung Kommunismus gleich Satanismus beinahe als Trivialität durchging. Zugleich war die KPD politisch so gut wie unsichtbar, der Staatskommunismus hingegen schäbige Weltkirche – ideale Bedingungen für einen imaginären Kommunismus, einen »Kommunismus, der Spaß macht« (Bettina Röhl). Schon die Bekenntnisse der Elterngeneration zu einem politisch radikalen Regime hatten für jene nach 1945 kaum soziale Nachteile bewirkt. Das ermutigte die Jungen zu eigener Radikalisierung. Ideologie und Ideologiekritik dienten jedoch bald – wie schon zwischen den Kalten Kriegsmächten – eher dem Abstecken als dem Erobern von Territorien; ein Jalta-Denken bis in die universitäre Berufungspolitik. Der Grundstein zu den identitätspolitischen *safe spaces* war gelegt.

Mitunter heißt es seitens der Veteranen, die verquaste Abstraktheit ihres Räteherrschafts- und Revolutionsidioms sei utopischer Überschwang gewesen, Forderung des Unmöglichen, um das Mögliche zu erreichen (vergleichbar gewerkschaftlicher Verhandlungstaktik).[62] Mit dem dadurch Möglichen und bald Wirklichen, dem bundesdeutschen Wohlfahrtsstaat, verband die Flugblattverteiler und Zellenarbeiter in westdeutschen Großunternehmen jedoch wenig. Seine Ursprünge liegen eher in der Systemkonkurrenz der 1960er Jahre, als sich Walter Ulbricht vom planwirtschaftlichen Rigorismus Moskaus emanzipierte und ein Nicolae Ceauşescu dank seiner Sozialpolitik zum zeitweise beliebtesten Ostblockherrscher aufstieg. Der westdeutsche Sozialstaat übertrumpfte die Schaufensterpolitik der sozialistischen Staatsökonomien; er war kein Effekt des Kampfbündnisses der westdeutschen Arbeiter mit sozialistischen Studenten. Diese blieben doch immer Sprösslinge eines Systems, das die Verbürgerlichung der Massen

[62] »Aus einem Überschuss an utopischen Energien wurde – nachdem die Einübung ebenso überholter wie unangemessener Revolutionsrhetoriken verpufft war – die Kraft für lange überfällige Reformen freigesetzt«, findet beispielsweise Wolfgang Kraushaar: *1968 – Das Jahr, das alles verändert hat*, München 1998, S. 323.

beförderte. Mitte der 1960er Jahre zählten drei Viertel der Bundesbürger zur unteren Mittelschicht. Massenhaft die Flucht in die Apolitie der 1970er Jahre mit ihren alternativen Kleinkollektiven und subventionierten Rückzugshöhlen (Westberlin), massenhaft die Enttäuschung der studentischen Revolutionäre durchs sozialstaatlich befriedete Volk – erst durch das eigene, dann durch das östlicherseits einbrechende.

Neue Bürger

Ex-Akteure des »revolutionären Kampfes« fanden nun ihrerseits »viel Vordemokratisches, viel Vorbürgerliches« bei den Akteuren der friedlichen Revolution.[63] Durch deren sanft umstürzlerisches Tun hatten die einstigen Radikalumsturz-Aspiranten manchmal letzte Karrierechancen erlangt. In Scharen besiedelten sie den verachteten Osten, befüllten sie Zeitungsredaktionen und die Institute der Totalitarismusverarbeitung. Wer sich dagegen an seine Alternativnische schon allzu sehr gewöhnt hatte und weder in Wissenschaft noch Medienapparat des erweiterten Deutschlands hatte Beute fassen können, zog sich schmollend in die postlinken »Verbitterungsmilieus« (Heinz Bude) vornehmlich Westberlins zurück, nunmehr gefeiert und gehütet als »Westpol der Welt«[64].

---

[63] So ein Ex-Mitglied der gleichnamigen Frankfurter Zelle, der spätere *Welt*-Chef Thomas Schmid: *Berlin. Der kapitale Irrtum*, Frankfurt/M. 1991, S. 150.

[64] Wolf Wagner: *Ein Leben voller Irrtümer*, S. 229.

Gerade aus der einst radikalen, maoistisch oder trotzkistisch kostümierten Westlinken schlug den Beigetretenen ein kaum verhohlener Hass entgegen; durchmischt mit jovialer Verachtung für die Bürgerbewegten. Die Spätbekehrten des Kapitalismus hatten den Ostlern zunächst gegrollt, dass diese die Utopie durch Falschwählen und Anschlussbegehr schnöde verspielten hätten. Auf totalitäre Verblendung und konsumistisches Begehren lautete das Urteil der Altlinken über die Neubürger; in exakt verkehrender Projektion dessen, was ihre eigene Realexistenz von Anbeginn charakterisiert hatte. Die ergrauten Dogmatiker revolutionärer Jugendlichkeit waren im Osten einer Generation begegnet, bei der frühe Berufstätigkeit, Eheschließung und sozialer Verantwortungsdruck das Normale bedeuteten, die zumeist auch fachlich besser ausgebildet war.[65] Man hatte keine Zeit in alternativen Parallelwelten verloren; mit Arbeits- und Wehrpflicht erzwang der Staat ohnedies ein zeitiges Erwachsenwerden.

Den westlichen Wohlstandsrevoluzzern bedeuteten Regierungen wie Regierte des Realsozialismus seit jeher die Zumutung des Konkreten. Insbesondere die ideologische Abgeklärtheit der Massen dort verstörte eigene Revolutions- oder zumindest Emanzipationsflausen; zu schweigen vom Profit der politischen Urteilskraft aus Systemwechsel und also Systemvergleichbarkeit. Dieses Erkenntnisprivileg musste noch den schlichtesten Ex-DDRler etwa über

[65] Zum Defizit des deutschen Westens in Hochschul- und Facharbeiterabschlüssen noch im 25. Einheitsjahr vgl. die Statistik in *»Schlauer Osten«*, in: *Zeit online* vom 6. Oktober 2014.

einen medienmächtigen Ex-68er erheben, der dem Käfig der Freiheit nie entrann. Zum biographisch begründeten Unterlegenheitsgefühl der 68er-Intelligenz kam das Wissen um Defizite im Politischen, im Sozialen: Die ostdeutsche wie fast alle Ost-Diktaturen hatten mit Sexualstrafparagraphen, mit der Prügelstrafe, dem Gattenrecht über Kontoführen, Leibespflichten, Arbeitendürfen der Gattin und anderen Dunkeldeutschtümern frühzeitig kurzen Prozess gemacht. Ein blamabler Kontrast zu den mit viel »Gedöns«[66] in Szene gesetzten Emanzipationsversuchen des 68er Revolutionärs.

Sicherlich hatten die Ex-Bewegten auch schon vor 1990 versucht, sich unter Beschweigen oder Beschönigen ihrer revolutionären Studentenstreiche ins System einzugliedern. Je nach Zeitpunkt und Erfolg der Anpassung bespähten sie einander mit »blankem Neid und spießigem Ressentiment«, wie es einer von ihnen in notorisch projektiver Umkehr ausdrückte.[67] Doch wirkten die ex-linken Wendegewinnler im Osten, trotz all der neu gewonnenen Pfründen als Totalitarismusanalytiker oder Demokratieberater, bemerkenswert unzufrieden. Gerade weil sie erst spät das Prinzip *Widerstand* durch das Prinzip *Teilhabe* ersetzt hatten, erbitterten sie Beispiele ideologisch indifferenter Erfolgsgeschichten. Exemplarisch hierfür war die beharrlich gepflegte Feindseligkeit Antje Vollmers, Ex-Maoismusbewegte, gegen Angela Merkel mit ihrem schnörkellosen Karrierismus. Als

---

[66] Günter Gaus gegenüber Daniel Cohn-Bendit, in: *»Zur Person«*, *WDR* vom 28. Mai 1989.

[67] Klaus Bittermann: *Unter Zonis*, Berlin 2009, S. 51f.

junge Wissenschaftlerin hatte Merkel dereinst genommen, was die DDR begabten Frauen und Männern zu geben hatte. Derlei Früchte unrechtsstaatlichen Chancensegens hätten die Ex-Bewegten nun gern ihrem eigenen Kampf gegen verkrustete Strukturen zugeschrieben. Zumindest in ihrem akademischen Herkunftsbereich sowie im Kulturbetrieb hatten sie tatsächlich eine beachtliche Substitution von Leistung durch Gesinnung erreicht. Doch war dies keineswegs, wie von konservativer Seite zuweilen unterstellt, eine linke Besonderheit.

Es entsprach lediglich der modern-industriegesellschaftlichen Tatsache, dass ein sozial geöffnetes Bildungssystem weitaus mehr Begabungen und Begehrlichkeiten produziert, als es anschließend versorgen kann. Der dadurch entstandene Akademikertypus mit mäßigem Erkenntnisinteresse bei hoher Milieuloyalität ist eine westdeutsche, keine westlinke Spezialität.

Revolte und Regression

Es gehört zur historischen Gerechtigkeit, auch eine ästhetisch und intellektuell überschätzte Bewegung nach dem zu beurteilen, was sie selbst gewollt oder verkündet hat. Man muss also nicht unbedingt vom »moralischen Versagen« (Wolfgang Pohrt) der (Ex)Bewegten sprechen, doch ist das menschliche und intellektuelle evident. Sie waren Symptome, die sich für Ursachen hielten; traten dort nach, wo etwas fiel. Es ist kein 68er-Bashing, wenn man im radikalen

Konformisten (oder Scheinradikalen) den dominanten Politik-Typ noch der heutigen Bundesrepublik erblickt. Gerade die einschlägig geglückten Lebensläufe von 68ern, in denen der ideologischen Gönnerhaftigkeit gegenüber der östlichen Siegermacht des Weltkriegs nach 1990 sogleich die politische Unterwürfigkeit gegenüber der westlichen folgte, bezeugen das.

Kulturell wirkten sie vorbildhaft. Die Revolteure hatten die Stillosigkeit eines sozialpolitisch ruhiggestellten, nationalgeschichtlich abgedichteten, folglich kulturell verunsicherten Landes zum Stil erhoben. Adoleszenzverlängerung blieb das Muster: Unsicherheit der Form gerinnt im deutschen Westen politisch und privat gern zu sorgfältig gepflegtem Trotz. Die politische und intellektuelle Stilschwäche pflegt einen aus Seminarsprache und Selbsthilfegruppendeutsch gemischten Ton; der risikofrei gegen Autoritäten flegelnde Halbwüchsige, die penetrant ausgestellte Gefühlsaufwallung sind dafür typisch. Der Mangel an Zivilmanieren bei Westdeutschlands neuester, auch der explizit rechtsgedrehten Bürgerlichkeit ist mit Händen zu greifen. Linke wie rechte Bürgerlichkeit des deutschen Westens pflegen einen Entlarvungsgestus, der 1968ff. populär wurde; Ideologiekritik und ihre Gleichsetzung der verborgenen mit der wahren Wirklichkeit haben sich weithin durchgesetzt. Wahr ist allein, was zur Belehrung taugt. Seit Jahrzehnten verlässt in der Bundesrepublik weder ein Veganer noch ein Autofahrer sein Haus ohne einschlägige Weltanschauung, die er etwaigen Widersachern gern detailreich auseinandersetzt.

Der Ehrgeiz, das ganze seelische und soziale Leben in homogenen Meinungsmilieus zu verbringen, erklärt zudem die notorische Konfliktunfähigkeit der 68er-Generation und der nachfolgend durch sie Sozialisierten. Im Gegensatz zu kulturell oder politisch geschlossenen Gesellschaften konnte sich im Westen kein gemeinsamer Öffentlichkeitsraum herausbilden, in dem die Einzelnen miteinander hätten auskommen, schließlich übereinkommen müssen. Andererseits entspricht Konfliktunfähigkeit, insbesondere als Unfähigkeit, einen Komplex widersprüchlicher Meinungen und Erfahrungen individuell auszuhalten, einem Trend entfalteter Konsumgesellschaften zu ideologischer Spezialisierung. Der Cliquengeist der Radikalrevoluzzer, selbst der K-Gruppen, fügte sich harmonisch zum Verlangen nach möglichst reiner Meinungskonsumtion, nach Meinungs- und Existenzgemeinschaft jener, »mit denen man klarkommt« (Rainer Langhans). Die Post-68er Winkelvielfalt der Alternativszenen bedeutet keine Schwächung, sondern eine Ausweitung und Ableitung der 1968 aktivierten konformistischen Impulse, des entfalteten Konsums aus bereitstehendem, bald auch handgefertigtem Denk- und Daseinsformenangebot. Nach 1990 verschmolz die Klage über den drohenden Zerfall der tradierten Milieus mit der Klage über den Zerfall der alten Bundesrepublik, den Verlust der ewigen Jugend, nicht selten artikuliert im Post-68er Betroffenheitsdialekt der verletzenden Verletzlichkeit, des beschädigten Lebens.

Tatsächlich war die Ausweitung der revolutionären Kampfzone nach innen und schließlich die Beschränkung darauf kein regressiver Verrat am Weltveränderungswunsch. Sie entfalteten ein regressives Ursprungsmotiv: keine ideologisch weißen Flecken auf der Seelenkarte zu dulden, dank Aufklärung oder Berauschung angstfrei durch Welt und Leben zu gehen. Kulturphysiognomisch: der Begehr nach Eindeutigkeit, Ambivalenzreduktion, Nuancenabbau. Oftmals mussten fürs einschlägige Sicherheitsgefühl die Idee oder zumindest der Name des Therapeutischen herhalten.[68] Die Selbstauslieferung der Revolutionskinder an rigide Psychonormen und Redemuster verhieß Sicherheit jenseits der Kontingenz allmählicher Reifung. Unverkennbar daher noch bei Jüngeren und Nachfahren der Bewegung das Gezwungene, Aufgesetzt-Vorgeführte jener angeblich 1968er-induzierten Befreitheit von Sittenzwängen und Empfindensengen; dominierend der Eindruck von Spätreife, die – gern politisch-moralisch dozierende – Altklugheit. Aus Musterschülern der Emanzipation wurden Schulmeister der Noch-nicht-Emanzipierten. Und das Argwöhnisch-Spähende, Verzugs- oder Nachteilsvorrechnende noch im Kleinen und Kleinsten der Privatwelt ist gewiss authentischer als ihre ostentative Laxheit in den Umgangsformen, welcher sich fast alle 68er-Veteranen rühmen.

---

[68] Zum therapeutischen Modell als Rahmenbedingung wie Dominanzvariante der »Erschaffung des modernen Selbst« (Eva Illouz) siehe weiter unten das Kapitel zum Fall Ines Geipel.

Gefühlsangst erlöste sich in der totalen Vorführbarkeit eines Inneren. Kein Akt politischer oder privater Kommunikation seither ohne vorherige Ansage, wie einem zumute sei. Diese verfügbar gemachte, abrufbare und didaktisch dick aufgetragene Gefühligkeit besticht als altbundesdeutsche Eigenart, wenn 68er-geprägte Politiker und ihre Nachfahrinnen auf der internationalen Bühne agieren. Stets scheinen sie sich im Gestischen etwas mehr abzuverlangen als ihre Kollegen. Ein selbstauferlegter Zwang zum anlasskonformen Gefühlsausdruck; Affektives als Anhängsel von Gewusstem und Gewolltem.

Der Eifer, Nation und Leben aus (wahren) Begriffen zu errichten, auf (gute) Gesinnungen und auf (schöne) Gefühle zu bauen, gehört zu den Kontinuitäten einer bestimmten deutschen Politikmentalität. Die Ex-Bewegten vererbten diesen Eifer an ihre verfassungspatriotischen und identitätspolitischen Nachfolgegenerationen. Freilich sollte das Sekuritätsgefühl, das ein ideologisch formatiertes Dasein verheißt, mit einem Verlust von Zivilität einhergehen – von Subtilität ohnehin. Auch wenn 1968 nur Episode war, bestätigten sich in der hier geschlossenen Ehe von Theoriebedürftigkeit und Gedankenflucht alle Klischees deutscher Geistigkeit, genauer: ein zähes Substrat aus Geist-, Kunst- und Erosfeindlichkeit. Es scheint unauflöslich. Gerade weil »1968« Pseudorevolte und Kulturgeräusch, mithin – im seinerzeit angesagten Idiom ausgedrückt – Überbauphänomen war, konnte der Komplex sich schwer und dauerhaft aufs Land legen. Wälzt sich doch, mit einer der Autoritäten von damals gesagt, »der ganze Überbau verschiedener und eigentümlich gestalteter Empfindungen, Illusionen, Denkweisen und Lebensanschauungen«[69] weitaus langsamer um als die materielle Basis, von der er zehrte.

[69] Vgl. Karl Marx/Friedrich Engels: *Der achtzehnte Brumaire des Louis Bonaparte*, Werke, Berlin 1955ff., Band 8, S. 39.

Die große und die kleine Welt

Zu den Lebensanschauungen, genauer: Selbstanschauungen der späten Bundesrepublik gehört die einer endlich erreichten, wenngleich stets gefährdeten Weltoffenheit. Ihre Idiome beherrschen die politische Verlautbarungspublizistik, bisweilen auch schon die Alltagssprache bis hinab zu den Heiratsgesuchen. Noch vor etwa zwei Jahrzehnten war »weltoffen« ein exklusives Signalwort linksprogressiver – meist sozialdemokratisch frisierter – Milieus, deren Menschlichkeit sich vor allem in weltweiter Mitmenschlichkeit bezeugen wollte, also darin, überall auf der Welt das Allgemeinmenschliche durch soziale Marktwirtschaft und freiheitlichen Verfassungsstaat gesichert zu wissen. Dieses Allgemeinmenschliche wird mittlerweile heftig als westliches Konstrukt, ja als »weißes« Selbst- und Normbild attackiert. Es steht unter dem Verdacht, die bunte Welt ethnischer Vielfalt geopolitisch, weltökonomisch und kulturimperialistisch hinterrücks zu homogenisieren. Somit unterliegt »Weltoffenheit« heute einem moralischen Erwartungsdruck, die Diversität des unvergleichlich Fremden zu erkennen und zu erhalten. Zwar bleibt das Weltoffenheitsidiom auch darin sprachlich ein Kostgänger des älteren bundesdeutschen Kulturkonsumismus, mithin eines wesentlich passiven Weltverhältnisses. Das Bewusstsein einer gelungenen oder zumindest machbaren Verwestlichung der Welt ist weiterhin dessen Voraussetzung; die bunte Vielfalt erscheint auf monochromem Grund. In Frage steht nun aber, ob die heutigen Bekenner von Weltoffenheit sich noch innerhalb dieser Voraussetzung bewegen oder sie nicht vielmehr bereits als dreiste Selbstgefälligkeit zurückweisen sollten. Letzteres würde einen Abschied vom bildungsbürgerlichen Habit und Gestus der *Weltläufigkeit* bedeuten: Ausflüge in planetarische Weiten bei steter Rückkehrmöglichkeit in westliche Sicherheit. Was einst mondän hieß, könnte nun eine schuldhafte Treue zum geographisch und sozial privilegierten Ort bedeuten.

Ein Mann von Stil und Form war berufen, den Kreditverlust gelassener, europäisch-bildungsbürgerlicher *Weltläufigkeit* zugunsten einer beflissenen, erdumfassend-schuldbewussten *Weltoffenheit* zu erleben und zu erleiden.

Weltoffenheit versus Weltläufigkeit

Enrico Brissa, damals Protokollchef beim Deutschen Bundestag, wurde als Autor 2018 durch sein *Handbuch des weltläufigen Benehmens* bekannt.[70] Im selben Jahr nahm Familie Brissa an einem der Umzüge für bundesdeutsche Weltoffenheit teil. Die Brissas wollten gute BRD- und gute EU-Bürger sein, sie führten eine Europa- und eine Deutschlandfahne mit sich. Letztere hätte, berichtete Enrico Brissa der *Berliner Zeitung*, handgreiflichen Anstoß erregt: »Es überraschte uns aber schon, dass wir tatsächlich aufgefordert wurden, einen ›Demonstrationsblock‹ zu verlassen, weil wir die Bundesflagge dabei hatten. Übrigens offenbarten viele Rückfragen, dass Schwarz-Rot-Gold historisch völlig falsch

---

[70] Enrico Brissa: *Auf dem Parkett. Kleines Handbuch des weltläufigen Benehmens*, München 2018.

eingeordnet wurde, etwa als Symbol des ›Dritten Reichs‹. Eine Demonstrantin schrie, das sei die ›Flagge des Holocaust‹.«[71] Die Überraschtheit Brissas mag etwas welt- oder zumindest landesfremd anmuten, entspricht jedoch dem Berufsbild des professionellen Weltmanns. Ein Diplomat muss die niederen Dämonen des Faktischen – hier wohl: die niedrige Geschichtsbildung der Dämonenjägerin – manchmal ignorieren können. Was er durch derlei weltläufige Ignoranz zunächst nur als Haltung bekundet, entsteht so letzthin als Realität, nämlich eine Sphäre des Mondänen. In Enrico Brissa war der Glaube ans kultivierende Vorbild zur professionellen Lebensform geworden. Doch war nun offenkundig ein Vertreter dessen, was alteuropäisch *le monde* hieß, mit Vertretern einer eigentümlichen Provinzialität zusammengestoßen. Man könnte sie die Weltoffenheitsprovinz nennen. Weltläufigkeit erhofft sie durch »Solidarität statt Ausgrenzung – Für eine offene und freie Gesellschaft« (das Motto der Demonstration), durch Offenheit für alle Welt.

Kleinwelt, Nationalstaat, Weltberuf

Ein Erlebnis wie das Brissas mit einer so demonstrativen wie blockdichten Weltoffenheit mag sich hier oder andernorts, genauso wie berichtet oder doch ähnlich zugetragen haben. In jedem Fall bliebe es typisch für einen Provinzialismus, der älter ist als seine willkommenskulturelle Gestalt.

[71] Enrico Brissa im Gespräch mit Tanja Brandes: *»Wir haben ziemlich viel Hass erlebt«*, in: *Berliner Zeitung* vom 22. Oktober 2018.

Kritische Beobachter der Bundesrepublik haben ihn oft beschrieben. Dieser Staat war als Länderbund entstanden, erlaubte Landschaftsstolz bei gleichzeitiger Aspiration auf Weltbürgerschaft. »Westintegration«, später »Wertegemeinschaft« verhießen Weltzugang im Zeichen einer politischen Idee. Deren wechselnde Akzente – zuerst antibolschewistisch, zuletzt antifaschistisch, stets diffus antitotalitaristisch – änderten nichts am imaginären Charakter des Weltbezugs. In jedem Fall war dabei die nationalstaatliche Dimension in ihrer komplizierten Geschichtlichkeit übersprungen. Eine Dualität von Kleinweltglück und Großmachtschirm prägte das politische wie das private Daseinsgefühl in der BRD. Als Blockstaat sah man sich von allen Sonderwegen endgültig abgekommen. Doch setzte sich in jener Dualität gerade ein Sonderweg fort, der Deutschland über Jahrhunderte zur zerrissenen Mitte Europas bestimmt hatte: das Nebeneinander von Kleinstaatlichkeit und Weltberuf. *Welt* hatte in deutschen Landen eine andere Bedeutung als dort, wo die Hauptstadt (das Zentrum, die Gesellschaft) sich einer hiervon ausgeschlossenen Provinz exklusiv und konkret entgegensetzt, so aber auch zu deren Sehnsuchtsort wird. Im deutschen Provinzialismus schien man seit je von Bewegungs- und Entwicklungszwang dispensiert, konnte man Daseinsenge mit der Weite des Ideals verbinden. Welt war hier mit Weltbürgerschaft, nicht mit Weltläufigkeit konnotiert, provinzielle Enge schien kosmopolitisch leicht überwindbar.

Provinz und Provinzen

Von *Provinz* ist abschätzig die Rede, seit das Wort nicht mehr eine Landschaft oder Verwaltungseinheit bezeichnet, sondern Peripherie des Zentrums, Land jenseits der Stadt. Das begann, als der alteuropäische Lebens- und Erfahrungsraum buntscheckiger Herrschaften zerfiel. Deren Hierarchie untereinander konnte – etwa dynastisch bedingt – schwanken. Besagter Zerfall gehört in die Vorgeschichte der bürgerlichen Nationalstaaten. In Ländern mit längerer zentralistischer Tradition wie Frankreich, aber auch in den nationalistischen Nachfolgestaaten der Donaumonarchie oder in den sozialistischen Diktaturen nach dem Zweiten Weltkrieg war das Provinzialitätsproblem so vertraut wie die Lösung. Eine ganze Romanliteratur erzählt davon: Der werdende Künstler, Wissenschaftler, Politiker, Sozialaufsteiger muss aus dem Land in die Stadt, aus der Peripherie in die Metropole, heiße sie nun Paris, Warschau, Bukarest oder Ostberlin. Das provinzielle Idiom muss einer Hochsprache – sei es das Französisch der Adelsklasse oder der Jargon von Berufsgelehrsamkeit oder Berufskunst – geopfert werden. Urbane Kultivierung ist Beschneidung, nicht Verschnitt von Denken und Rede, metropolitane Bildung erzwingt den Wechsel in eine fremde Sprache, kein dialektales Gemisch. Dieser bewusste Verrat an der Herkunft, welcher den Jüngling zum Manne macht, bedeutete zugleich Expansion und Restriktion. Energien, die sich in provinzieller Enge stauten, erhalten in metropolitaner Weite ihre Richtung und Struktur. Der Ambitionierte, der in der Stadt eine wissenschaftliche oder künstlerische Karriere macht, entwickelt berufliches und soziales Selbstbewusstsein; er fügt seinem heimatlich eröffneten Geisteshorizont nun den erweiterten seiner städtischen Lebenswelt hinzu. Im Gegenzug entsteht ein massenhafter Provinzialismus von Großstädtern, der – dank dem Wegfall sozialer Kontrolle, vielleicht auch dank sozialstaatlicher Fürsorge – den Drang vom Engen ins Weite abschwächt; ein Provinzialismus, der zugleich für kulturelle Zerstreuung und existentielle Bequemlichkeit sorgt.

Welt, feine Welt, Gesellschaft

Die Sinngleichheit von »Welt« und »Gesellschaft«, freilich einer feineren, besseren, höheren Gesellschaft, weist auf die zentralstaatliche Norm des Mondänen. Ihre historischen Wurzeln – Frankreich ist abermals das Musterland – lagen im Sieg der Königsmacht über die Fronde, mithin über die Pluralität provinzialer Fliehkräfte. Fortan sind politische Macht und kultureller Glanz nur an zentralem Ort erwerbbar. Ganz gleich, ob man – als Mitarbeiter des Souveräns – politisch *agieren* oder – als Stern in der Salonwelt – kulturell *repräsentieren* will, die dort bestätigte Weltläufigkeit verlangt eine Anpassung, zu der auch Selbstbeschneidung gehört. Von den einschlägigen Wunden und Narben im Bürgerzeitalter erzählen die Aufsteigerromane über *Illusions perdues*.

Das 20. Jahrhundert kennt Weltläufigkeit oft nur mehr als gehetzte, manchmal auch langweilende Passage durch Künstlercafés und politische Zirkel. Derlei Beliebigkeit wiederum lässt nach Erfahrungskonkretheit, selbst Provinzenge seufzen; ein frivoles Verlangen nach den Wonnen der Gewöhnlichkeit. Sie locken als nunmehr ideologisch mächtig aufgeputzte Institutionenfrömmigkeit, in Ehe, Berufsstolz, Kleinkosmos der Bindungen. Der Ausgangsort provinziell-urwüchsiger Weltambition wird sichtbar – und scheint zugleich unerreichbar. Denn die Abschwächung landschaftlicher Besonderheiten ist zur sozialen und nationalen Daseinsnorm geworden. Skepsis, Ironie, Relativismus, einst elitäre Phänomene aus aristokratischer oder großbürgerlicher Dekadenz, sind jetzt Massencharaktere, zeigen das Durchschnittsbefinden einer wohlfahrtsstaatlich formierten und großstädtisch orientierten Menschheit. *Welt* im klassenhierarchischen Sinne erweckt hier keine Sehnsucht mehr. Geistige Aktivität und soziale Anpassung werden unattraktiv. Überschreitung von Gewohnheitsenge und Vertrautheitsmief findet man in einem pauschalen, passiven Akzeptanzverhalten. *Die Welt* ist ersetzt durch *alle Welt*, der man sich »kulturell öffnen« kann, ohne sich existentiell bewegen zu müssen.

Stadtkultur und Weltempfinden

Der Sinnschwund von *Weltläufigkeit* entspricht dem Aufstieg einer neuartigen Provinzialität, aus deren Idiom das Präfix »Welt-« ebenso überreichlich quillt wie das Suffix »-kultur«. Weltoffenheit ist Empfindenskultur. Für sie sind begriffliche Binarismen typisch: das Eigene und das Fremde, das Selbst und das Andere und so weiter. Gegen derlei substantivische

Verdinglichung[72] haben analytische Philosophen vergebens angekämpft. Das ideologische Bedürfnis erwies sich als stärker. Es produziert asymmetrische Entgegensetzungen, zwischen denen kaum zu vermitteln ist. Das Selbst nämlich, das hier sowohl über sich selbst als auch über sein Anderes reflektiert, bekommt sich nie gleicherart in den Blick wie dieses Andere; es muss sich über- oder unterschätzen. Das Eigene verliert in solcher Gleichsetzung logischer und existentieller Entgegensetzung an Eigenart, konkretisiert sich nur mehr als geistiges Gefäß aller anderen. Es ist das rein reflexionsbestimmte Ich, dessen Anderes die ganze Welt wird; es ist die Weltstadt als Ziel aller Weltlandschaft. Demgemäß schroff geraten die politischen Alternativen, nämlich »Öffnung« oder »Abgrenzung«. Das Subjekt der Weltoffenheit imaginiert sich als *Inbegriff*, ja Platzhalter der Welt (zum Beispiel ihrer unverletzlichen Rechte, ihrer verletzten Ansprüche) und will von der eigenen, realen Weltbindung nichts mehr wissen. Sie zu benennen, gar zu behaupten, gilt ihm als schuldhafte Provinzialität, ja als atavistische Konkretion. Das Konfliktmuster ist bekannt. Die Frage ist, warum sich Freund und Feind auf *Weltoffenheit* als Kampfbegriff einigten.

Das ist, zuerst und zuletzt, eine Frage an die Bekenner von Weltoffenheit. Der sachliche Gegensatz zur Weltläufigkeit alteuropäischen Typs, von deren Renommee »Weltoffenheit« unverkennbar zehrt, könnte schließlich kaum größer

---

[72] Etwa in Jean-Paul Sartres *Das Sein und das Nichts*. Im Deutschen ist diese Verkürzung sprachlich inflationär beispielsweise als »Denken des Anderen« anstatt eines »Nachdenkens über den anderen« oder »Wahrnehmens von etwas anderem«.

sein. Die Weltläufigen Alteuropas hatten sich einer Anstrengung unterzogen, um an einem als »Welt« definierten Kultur- und Lebensort zu reüssieren; ihr Gegenüber war nicht das ganz Andere einer abstrakten Weltmenschheit, sondern die anderen, sozial und politisch definierte Subjekte, somit »meinesgleichen«. In deren Konkurrenz erwiesen sich das Eigene und das Andere als stetig zu erkämpfende, niemals endgültig definierbare Größen. *Le monde*, die (große) Welt als Ort der Maßstäbe wie ihrer Erfüllung, war schlichtweg, was sich in geselliger Konkurrenz ausbildete, verfeinerte, nicht selten geistesspielerisch selbst in Frage stellte. Selbstrelativierung, Selbsterkenntnis bis hin zu Selbstverneinung waren kulturell den *esprits forts* vorbehalten und sozial ein eng umgrenztes Phänomen. In der spätwestlichen Selbstprüfung des Eigenen auf provinzielle, da reflexionsfeste Eigenart ist dergleichen inflationiert und normalisiert. Auch die dazugehörige Offenheit gegenüber dem globalen Anderen kostet keinen seelischen Aufwand.

Weltlose Weltoffenheit, wunderbare Wirtschaftsjahre

Auffällig an »Weltoffenheit« ist dieser passive Zug, der bei Alteuropas Weltläufigen fehlte. Der Soziologe Gerhard Schulze hat ihn bereits 1992 analysiert, und zwar am »außengeleiteten Charakter«. Dessen Hauptfrage lautet »Was macht das mit mir?«, nicht »Wie mache ich das?«

Die Innenwendung deutet auf eine entfaltete »Erlebnisgesellschaft« (der Buchtitel Schulzes). Ihr ist *Welt* zum Inbegriff all dessen geworden, was man in Bild- oder Wortgestalt sich herholen kann, durch ein Fingerwischen übers Display – was man ins Eigene holt, ohne dass es dieses verändert. Ist doch das Eigene seinerseits nur mehr als Synonym universeller Neugier auf ein globales Anderes konkretisierbar!

Solcher Stationärgesellschaft verwandelt sich alle Welt in »Kultur«, Universalbegriff wie Residualheiligtum des unverbindlich Konsumierbaren. Die jahrelange Suspension der Bundesrepublik von staatlicher Selbstverantwortung hatte das begünstigt; ein DM-Nationalismus mit weltpolitischem Abstinenzgebot. Die kulturell orientierende Metropole fehlte von Anbeginn. Allein Teilhabe an der *Pax Americana* verbürgte den Bundesdeutschen ihren Weltbezug.

Es ist kaum Zufall, dass »Unsere wunderbaren Jahre« mit solcher Imago ungestörter, von keinem Weltwind angewehter Existenz zusammenfallen.[73] Der gleichnamig betitelte Klassiker bundesdeutscher Nostalgieliteratur erzählt von einer Zeit, die mit der Deutschen Mark begann und mit der deutschen Einheit endete, einer Zeit, da man mit der eigenen Weltoffenheit und der fremden Schutzmacht noch unter sich war. Der Autor resümiert seinen Nationalroman so: »Ich würde sagen, dass wir Deutschen uns da sehr toll entwickelt haben, wenn wir überlegen, wie wir noch so vor 100 Jahren gewesen sind und was für ein doch weltoffenes Volk wir geworden sind auch jetzt in der Flüchtlingskrise. Deutschland ist vorangegangen, das war mit Abstand das offenste

[73] Peter Prange: *Unsere wunderbaren Jahre. Ein deutsches Märchen*, Frankfurt/Main 2016, Werbetitel »Der große Deutschland-Roman«.

Land und das gastfreudigste Land.« Jedoch: »Das schöne Deutschland, das weltoffene Deutschland, das neugierig ist auf das Fremde, auf das Andere, das sich bereichern möchte mit anderen Gedanken, mit anderen Ideen, mit anderen Lebensweisen prallt auf ein Deutschland, das auf einmal wieder in geradezu entsetzlicher Weise an Dinge denken lässt, die weit hinter uns zu liegen scheinen, von Fremdenfeindlichkeit, von Abgeschlossenheit, von Vorurteilsbesessenheit, auch von fürchterlicher Ängstlichkeit […]«[74]

Die Mitte und die Ränder

Politische Provinz fürchtet, kulturelle Provinz feiert alles Fremde. So ließe sich die Endkampflinie des Provinzialismus auf eine Pointe bringen, die dennoch nicht die ganze Wahrheit wäre. Denn politische Provinz bleibt in ihren Zu- und Abneigungen stets ans konkrete Gegenüber gebunden, sieht sich auf etwas anderes, nicht jenes vage *Andere* verwiesen, dem die Weltoffenen Land und Gemüt auftun wollen. Ja, selbst der Hass des Provinzlers auf die große Stadt, in der er scheiterte, formuliert sich konkret – als Bekenntnis zum anderen, etwa ländlichen Ort, somit als lokale Gegenwelt. Das Idiom der Weltoffenheit kennt den Provinzler oft nur als Opfer seiner agrarischen, peripheren oder auch kleinstädtischen Herkunft, öfter noch als potenziellen Angreifer der urbanen Lebens- und Weltordnung, als Täter ohne ordnungsstiftendes Ziel: Im Provinzler schlummere

[74] Peter Prange: *»Denk ich an Deutschland«*, *Deutschlandfunk*, 6. Mai 2018.

der Radikale, der Extremist, der Terrorist. Der Provinzler ist nun nicht mehr lächerlich schlicht deswegen, weil er im Zentrum scheiterte oder dort vergebens seine periphere Herkunft zu verbergen suchte. Vielmehr ist er lächerlich durch sein Beharren, sein Beiseitestehen angesichts einer Bewegung, die als gleichermaßen natur- und geschichtsgegeben gilt, als sozial verlängerte Naturgeschichte eines kulturell erweckten Kapitalismus beispielsweise. Provinzler ist nun weniger der Zurückgebliebene als vielmehr der Unbewegliche, Unflexible. Der Groll gegen die Provinz, aber auch die Angst vor ihr werden zum antiprovinziellen Ressentiment, sobald die Provinz sich nicht länger als »abgehängte« Zone, sondern nur noch als antiglobale Beharrungsmentalität deuten lässt.

In der Formel von den »Abgehängten« schien sie intellektuell erfassbar, als mindere Quantität des Eigenen oder stets verspätete Erfüllung einer von Zentrum wie Peripherie akzeptierten Norm. Die Provinz und ihre Bewohner jenseits dieses Schemas sind aber keine blamierten oder belächelten Konkurrenten mehr. Sie stehen für eine andere Wertewelt, die auf ganz ungeahnte und unerwünschte Weise divers ist, so dass sie nicht selten mit der Kategorie der Unwerte gefasst wird. Indem nun diese Wertewelt zugleich als Daseinsraum anerkannt ist, als souveräne Qualität von Denken, Fühlen, Wollen, erweisen sich die Provinzler als genau jenes ganze Andere, von welchem die Mitte ansonsten gut rousseauistisch schwärmt, als vom kulturellen Refugium und dem spirituellen Tremendum einer offenen Gesellschaft und transzendenzlosen Welt.

Der Blick auf die Fremden und der fremde Blick

»Es wird Zeit, die Kommunikation so zu bestimmen, dass aus den verosteten Wessis die vernünftigen, unnationalistischen Leute werden, die sie mal waren. Wenn wir dann wieder okay sind, machen wir die Ossis bestimmt zu besseren Menschen. Allein schaffen sie es nicht.«

Maxim Biller[75]

Eine offene Gesellschaft toleriert den engen Horizont jener, die über gesellschaftliche Offenheit wachen. Das bleibt ein Paradox aller Liberalität. Deren parteigebuchtes Personal zeigt denn auch in der Spät-BRD die notorisch geistes- und gefühlsstarren Gesichtszüge. Als Begriff hingegen tendiert »liberal« zur Gesichtslosigkeit, zumindest zur Mehrdeutigkeit. Der philosophische Liberalismus hat in den letzten 33 Jahren seine Renaissancen wie Dekadenzen erlebt. Der politische und kulturelle Liberalismus findet sich heute – oft unter dem Label »liberalkonservativ« – in so selbstbewussten wie streitlustigen Randmilieus. Der sogenannte Markt-

[75] Die nostalgische Klage des Romanciers richtete sich an »die Politiker« seiner Wahlheimat Westdeutschland, »die uns mit gangstermäßiger Lässigkeit seit 1989« nie »gesagt haben, dass der Osten Osten bleibe und unsere einst so libertäre, offene, unnationalistische Gesellschaft mit seiner Osthaftigkeit vergiften würde« (Maxim Biller: *»Die Ossifizierung des Westens – Deutsche deprimierte Republik«*, in: *Frankfurter Allgemeine Sonntagszeitung* vom 22. März 2009). Während der *FAS*-Kolumnist von 2009 die Ossis noch zum Schweigen bringen wollte, attestiert ihnen der *FAS*-Kolumnist von 2020 eine aus Schweigsamkeit gewachsene Gewaltbereitschaft: »Ihr bekamt vierzig Jahre lang Probleme, wenn ihr Eure Meinung gesagt habt, und jetzt ist Euch das in Fleisch und Blut übergegangen.« Nur wenige »von Euch« seien »frei und unbeschädigt«, und »selbst bei den Besseren spüre ich Reste einer befremdlichen Kultur.« (Justus Bender: *»Liebe Ossis«*, in: *Frankfurter Allgemeine Sonntagszeitung* vom 4. Oktober 2020).

liberalismus ist seit je indirekt, in den Stimmen seiner Opfer präsent, zumindest in den Stimmen ihrer publizistischen Anwälte. Letztere rüsten sich derweil zu weit mehr als nur volkswirtschaftlichen Aufrechnungen. Ein frühes, hierfür typisches Beispiel war das Buch »Die Schulden des Westens. Wie der Osten Deutschlands ausgeplündert wird« (2005). Sein Verfasser Klaus Blessing, in der DDR ein hoher Wirtschaftsfunktionär, erzielte mit Gleichgesinnten im Salon von Karin Rohnstock und auf den Meinungsseiten der *Berliner Zeitung* noch 15 Jahre später beträchtliche Aufmerksamkeit.

Dialektik der Fremdenbeschau

Dass der sogenannte *Ostdiskurs* als *Opferdiskurs* begann, ist inzwischen weithin als Abbild eines politischen und ökonomischen Machtgefälles anerkannt – als Abbild auch eines medialen Ungleichgewichts. Die Sprecherpositionen zwischen West und Ost sind hinsichtlich Reichweite und Wirkungsmacht klar verteilt.[76] Das haben zwei kürzlich erschienene Titel bekräftigt: Katja Hoyer konstatiert die Diskursherrschaft West hinsichtlich der ostdeutschen Vergangenheit,[77] Dirk Oschmann kritisiert die Diskursherrschaft

---

[76] Zur medialen Marktkonzentration nicht in Überwindung, sondern im Gefolge des SED-Bezirkszeitungsnetzes sowie über die damit fortbestehenden Hürden für unabhängige Presseperspektiven auf Deutschland seit 1990 vgl. Mandy Tröger: *»Das mediale Erbe der Treuhand«*, in: René Möhrle (Hrsg.): *Umbrüche und Kontinuitäten in der deutschen Presse. Fallstudien zu Medienakteuren von 1945 bis heute*, Gutenberg 2020, S. 112–121.

[77] Katja Hoyer: *Diesseits der Mauer. Eine neue Geschichte der DDR 1949–1990*, Hamburg 2023, S. 20.

West hinsichtlich der ostdeutschen Gegenwart.[78] Offensichtlich gibt es auch weiterhin weder eine ost-west-übergreifende Masterperspektive noch so etwas wie einen Abgleich von Perspektiven auf die deutsche Einheit. Das Ost-West-Gespräch folgt nicht den Regeln einer prozessualen oder dialektischen Synthesis, sondern einer negativen Dialektik, genauer: einer asymmetrischen Struktur.[79] Darin spricht die eine Diskursmacht sowohl über sich selbst als auch über ihr Anderes; eine schier endlose Bewegung der Reflexion, da sich ja das transreflexive Sein des Westens per definitionem – als kritisches Bewusstsein, Aufgeklärtheit, Modernität, Weltoffenheit usw. – nur in der reflexiven Verneinung von Unreflektiert-Naivem, Nichtwestlichem, Vormodernem, Waldursprünglichem seiner selbst vergewissern kann. Mit anderen Worten: Die intellektuelle Unschuld des sich solcherart selbst erzeugenden Westens ist total, weil dasjenige, wovon er sich kulturell, intellektuell, diskursiv und bis heute auch sozioökonomisch nährt, für ihn undurchdringlich bleibt. »Ostdeutschland« ist ein Name für dieses Undurchdringliche, das der Westen aus einem Teil Deutschlands – zuweilen sogar aus Deutschland überhaupt – zu machen pflegt, um sich als reflexionstüchtiges Dasein

---

[78] Vgl. Dirk Oschmann: *Der Osten: eine westdeutsche Erfindung*, Berlin 2022, S. 13ff. Die Erfahrung, die dem Buch zugrunde liegt, hatten bereits viele andere benannt. Eine Vorgängerin Oschmanns, um eine Halbgeneration jünger, ist die Journalistin Sabine Rennefanz. Ebenfalls in der ostdeutschen Peripherie geboren, ebenfalls nach 1990 im anglophonen Raum intellektuell sozialisiert und erwartungsvoll ins mediale Einheitsdeutschland zurückgekehrt, sieht sich die heutige *Tagesspiegel*-Kolumnistin von diesem häufig zurückgestoßen und auf eine »Ost-Identität« reduziert.

[79] Das Wort von der »kommunikativen Asymmetrie« ist hierfür inzwischen als Topos etabliert.

fühlen zu können und doch selbst nicht reflexiv durchdringen zu müssen.

Der berühmte Eingangssatz von Simone de Beauvoirs Klassiker »Das andere Geschlecht« ließe sich daher für das Verhältnis von imaginärer Westlichkeit und imaginiertem Osten abwandeln: Als Ostdeutscher wird man nicht geboren, zum Ostdeutschen wird man gemacht. Millionen erfuhren seit 1990 von ihrem Geburtsort Ostdeutschland per Fremdzuschreibung. Als homogenes Sozial- und Erfahrungskollektiv schien die DDR somit erst nach ihrer staatlichen Auflösung zu entstehen. Diese Kollektivbildung war nicht nur historisch postum, sondern auch begrifflich fremdbestimmt; ein oft tautologischer, mithin empiriefreier oder gar empirievermeidender Umweg, durch den westdeutsches Selbstbewusstsein zu sich fand. Dessen urwüchsig ideologischer und somit empiriescheuer Impuls zielte darauf, der einzigen real drohenden Fremdheitserfahrung auf begriffspolitischem Wege vorzubauen. Auch die nachwachsenden deutschen Fremden sollten auf die Herkunftsfrage schweigen oder ihr ganz ausweichen. Andernfalls drohten sie in die unfreiwillige Rolle jener Empirielieferanten zu geraten, die im Begriff des Ostdeutschen für sie vorgesehen war.

Versuche einer Entwestlichung des Deutschlanddiskurses

Gab es Gegenimpulse, gar Versuche, das Ungleichgewicht in der Ost-West-Beschau aufzuheben oder umzukehren?

Bestseller wie jene von Katja Hoyer und Dirk Oschmann, die alltagssoziologische Beobachtung mit Zeitdiagnostik, Statistik und Kulturanalyse vertiefen, sind in ihrem Massenerfolg ein spätes Phänomen. Jahrzehntelang waren selbst etablierte, zumindest leitmedial akzeptierte Autoren aus Ostdeutschland vergeblich gegen dessen Verwurstung durch westdeutsche Heimatkünstler angerannt. Exemplarisch hierfür sind Einsprüche wie die Christoph Heins[80] gegen eine rasch zum politischen Lehrfilm aufgestiegene »Stasi-Schmonzette«.[81]

Die Zeithistorikerin Hoyer und der Literaturwissenschaftler Oschmann artikulieren jeweils bestimmte Erfahrungen mit der politisch-kulturellen Westdominanz. Hoyers geschichtliche Referenzgröße und wohl auch Käuferschicht sind meistens keine Künstler oder Intellektuellen, sondern jene Ostdeutschen, die ideologisch indifferent oder auch konform die Halbnation DDR alltäglich funktionieren ließen[82]. Es sind Menschen, die heute am Ende ihrer Arbeits- oder Arbeitslosenbiografie stehen. Sie hatten den ostdeutschen

80 Zuletzt in: *Gegenlauschangriff. Anekdoten aus dem letzten deutsch-deutschen Kriege*, Berlin 2019, S. 102ff.: »Mein Leben, leicht überarbeitet«.

81 So der Schauspieler Henry Hübchen 2006 in der Talkshow *Drei nach Neun*. Tatsächlich wimmelte »Das Leben der Anderen« von platt-falschen Klischees, und mit der sentimental-moralischen Pointe spekulierte der Regisseur unverhohlen auf eine reine West-Rezeption. Aufgrund seines hollywoodesken Stils gilt das Melodram in der angloamerikanischen Filmwelt denn auch als ernstzunehmende, weil realitätsnahe Fiktion. In der altbundesdeutschen Geschichts- und Politikbildung ist »Das Leben der Anderen« weithin kanonisiert.

82 Vgl. das explizite Bekenntnis der Autorin zu dieser Zeitzeugengruppe in: Katja Hoyer *Diesseits der Mauer. Eine neue Geschichte der DDR 1949-1990*, S.22.

Staat überwiegend als historische Normalität, die westliche Ausgründung Deutschlands als historische Abweichung – oft jedoch mit materiell-technischem Normalitätsappeal – erlebt. Sofern sie dieses Bewusstsein durchhalten konnten, haben sie sich ein älteres Bild der BRD als ökonomisch zwar überlegener, kulturell jedoch zurückgebliebener Nationshälfte bewahrt. Oschmann hingegen hatte, da als Intelligenzler in ideologisch sensiblem Bereich tätig, nach 1990 das Prekäre einer ostdeutschen Herkunft empfunden und beschwiegen. Er bewegte sich jahrelang in einem Milieu, das alle Herkunft irrelevant nennt, weil sich westdeutsche Herkunft für es von selbst versteht.

Der Leipziger Literaturprofessor kann für jene Ostdeutschen sprechen, welche bereit waren, die Bundesrepublik als staatliche, namentlich als verfassungsstaatliche und liberal-demokratische Normalität zu akzeptieren, die sich jedoch nun ihrerseits nicht als Normaldeutsche akzeptiert fanden. Daraus erklärt sich die Verschiedenheit der mehrheitsmedialen Rezeption: Hoyer wurde medial härter angefasst als Oschmann, weil sie mit ihrem Buch ein zwar unterdrücktes, jedoch in sich unproblematisches Ost-Bewusstsein präsentiert, das sich oft schon mit einem »Auch die Gegenseite möge gehört werden« begnügen würde. Oschmann hingegen, an Jahren der Ältere und folglich biographisch stärker Betroffene, schreibt aus einer komplizierteren Situation. Er artikuliert Verdrängtes, verdrängt jedoch seinerseits, was er über die westdeutsche Normgesellschaft längst weiß: Zwar bedarf sie für ihr Normalbewusstsein einer als abnorm markierten Realität, doch will sie ihre normaldeutsche Allgemeingültigkeit zugleich als innerdeutsche Besonderheit genießen. Eine Schieflage, doch für viele Medienmächtige des Westens fraglose Arbeitsgrundlage. Mutete deshalb Oschmanns Abrechnung mit westdeutschen Sonderwegen so seltsam verspätet an?[83]

Vielleicht noch aus einem anderen Grund. Der Literaturprofessor beklagt die zwischen Ost und West ungleich verteilten Chancen sozialen Aufstiegs. Er vertraut auf das altbundesdeutsche Versprechen, dass Elitenzugang mit dem Egalitätsprinzip vereinbar sei. Dieses recht arglose Vertrauen führt zu etwas, das man als Kulturanalytiker eher vermeiden sollte. Es ist der empörte Ton des Kulturfremdlings, der alle – vermeintlichen? tatsächlichen? – Normen der heutigen Normgesellschaft West (*Spiegel online* lesen, *Deutschlandfunk* hören, *Grüne* wählen) erfüllt und übererfüllt hat und trotzdem »nicht dazugehört«.[84] Als ob der Wille, endlich dazuzugehören, nicht schon immer jene bezeichnet hätte, die niemals dazugehören werden!

Ganz sicher jedoch sind Oschmanns und Hoyers Bücher aus einer gemeinsamen Beobachtung motiviert, nämlich des westdeutschen Primats der Meinung vor der Erfahrung, der ideologischen Zurüstung vor aller empirischen Begegnung. Das ist eine mentalitätshistorische Konstante der sogenannten alten Bundesrepublik. Hoyer geht beiläufig,

---

[83] Dies war auch der Akzent, ja bereits der Titel einer der ersten Rezensionen; vgl. Cornelius Pollmer: *»Los Wochos in Lostdeutschland. Professor Dirk Oschmann erwacht aus eiskaltem Schlaf und stürmt die Ost-West-Debatte«*, in: *Süddeutsche Zeitung* vom 1. März 2023.

[84] Vgl. Oschmann: *Der Osten*, S. 43.

Oschmann explizit auf medienpolitische und -ökonomische Strukturzwänge in der westlichen Ostbildproduktion ein – erstere mit einem unbefangenen historischen Abbildrealismus, letzterer mit poststrukturalistischer Erkenntnisskepsis gefirmt. Besagte Strukturzwänge gelten auch für Versuche der Ostbildkorrektur. Mehr oder weniger müssen nämlich alle indigenen – oder vom medialen Mehrheitsdeutschland West als indigen markierten – Ost-Interpreten auf subjektive Wahrnehmungsqualitäten zurückkommen.

Das ist nicht allein aufmerksamkeitsökonomisch, sondern auch kompensationslogisch bedingt. Im dominanten West-Blick auf die jüngste deutsche Geschichte wurden jene Wahrnehmungsfakta jahrelang schlicht ignoriert oder als moralisch oder kulturell minderwertig denunziert. Ja, der bloße Ansatz bei einer fremden Erfahrung – dem eigenen altbundesdeutschen und damit nur teildeutschen Bewusstsein unzugänglich – kann noch heute Rezensentenzorn erregen. Seine publizistische Entladung in Sarkasmen und Belehrungen ist Mediennormalität. »Wir im Westen«[85]: Die gefühlte, wenngleich nicht durchdachte Problematik, ein originär westdeutsches Wesen zu reklamieren und zugleich die Wesenskategorie als intellektuell obsolet und moralisch verdächtig abzuweisen, verfestigt die westliche Selbstverfangenheit. Obwohl im Ost-West-Diskurs permanent mit sich selbst beschäftigt, erfährt der Westen nichts über sich. Er riecht nach nichts, mag er

---

[85] Zu diesem besonders in den Neunziger- und Nullerjahren strapazierten Topos westdeutscher Herkunftsversicherung vgl. ausführlich Vf.: *Die Sprache der Einheit*, S. 541.

auch rasch »Ostdeutsches« riechen.[86] Der eigene Mangel substanzieller Erfahrung oder geschichtlicher Eigenart, die als Essentialismus ideologiekritisch denunziert und somit desavouiert ist, projiziert sein Gegenteil auf ein ewiges Ostdeutschland aus kultureller Wesensgläubigkeit und politischer Autoritätshörigkeit.[87]

Der hermeneutische Horizont der Ostdeutschland-Essentialisierer ist schmal. Wer ihn zu weiten versucht, der riskiert hochfahrende oder auch selbstmitleidige Zurechtweisung. Man denke an die Polemik des *Zeit*-Kritikers Wolfgang Ullrich gegen Neo Rauch, Dirk Oschmann und andere Kulturfremdlinge – vorgetragen als westlich-urbane Reflexion über östlich-dumpfes Heimatverlangen. Avanciertes Relativitätsbewusstsein versus trotzige Wesensverhaftung![88] Mentale Überhänge des Kalten Krieges und einer Überanpassung an einen – doch seinerseits nur halluzinierten – *wesentlichen Westen*[89], der in der akademischen Zeitge-

---

[86] »Angst müsse es sein, [...] was die Ostdeutschen riechen macht, Angstschweiß. Er selbst rieche normalerweise nach gar nichts«, kolportierte der Publizist Michael Rutschky das westliche Durchschnittsempfinden (ds.: *»Meine deutsche Frage«*, in: *Merkur* 3/2013, S. 272–280, hier: S. 274).

[87] Als Exempel klischeegestählter Reflexionsresistenz vgl. die Polemik eines Kunstpublizisten, der zwischen Ost- und West-Mentalität »eine tiefe Kluft« konstatiert, »da man auf der einen Seite gelernt hatte, die Freiheiten des Relativismus zu schätzen, sich auf der anderen hingegen weiterhin nach dem Eigentlichen und Nicht-Relativierbaren sehnte. Pluralismus und Essentialismus sind zwei einander diametral entgegengesetzte Konfessionen [...]«. So Wolfgang Ullrich: *Feindbild werden. Ein Bericht*, Berlin 2020 S. 71.

[88] Ebenda, S. 72.

[89] Wie ihn ein kabarettistisch begabter West-Phänomenologe bedichtet hat: »Der Westen west im wahrsten Sinn / des Wortes wesentlich dahin.« (Holger Witzel: *Heul doch, Wessi*, Berlin 2014, S. 7).

schichtsreflexion seit längerem als Ideologem diskutiert wird,[90] mögen bei derlei Zurechtweisungen ihre Rolle gespielt haben. Aufmerksamkeitsökonomisch kommt der Neid der Nicht-Zitierten hinzu,[91] denn der Ost-West-Deutungsmarkt ächzt unter einem Überangebot. Vor allem aber ist die bis heute heftige Reaktion jener, die ihr Erklärungs- und Deutungsmonopol durch eine Ost-deutet-West-Publizistik bedroht sehen, selbst ein Teil des dort verhandelten Phänomens. Die nicht nur zeitgeschichtliche, sondern deutschlandhistorische Unbildung seit den BRD-Hochschulreformen der 1970er, noch mehr nach der Abwendung der westdeutschen Schulpolitik von jener der bildungsnäheren Bundesländer und ihrer Praxiserfahrungen ist ein offenes Geheimnis. Diese Unbildung – ob in ihrer bräsig-selbstgefälligen, ob in ihrer ungeniert schmähsüchtigen Tendenz – ist in die Institutionen einmarschiert und dort eingewachsen.

Essayistik und Satire

Regierungsmedien und Pressekonzerne sind fest in altbundesdeutscher Hand. Angesichts dieser medialen Machtverhältnisse zwischen Ost und West muss sich nicht nur die Bewertung, sondern schon die Vermittlung von historischem Wissen auf randgruppennahe Verlage sowie publizistische

---

[90] Über »Selbstbilder westdeutscher Eliten«, »langen Weg nach Westen« und »Westernisierung« vgl. Sonja Levsen/Cornelius Torp (Hrsg.): *Wo liegt die Bundesrepublik? Vergleichende Perspektiven auf die westdeutsche Geschichte*, Göttingen 2016, S. 14.

[91] Man suche nach den Namen der heftigsten Verreißer von Hoyers *Diesseits der Mauer* im Literaturverzeichnis ihres Buches!

Mischformen beschränken. Dem medial-politisch dominanten Westen war historische Allgemeinbildung meist nur humoristisch gemildert zu vermitteln. Einige beispielhafte Titel, aufgrund ihrer teils hohen Auflagen bis heute in vielen Bibliotheken präsent: Peter Ensikat (»Distel«-Kabarettist) publizierte »Populäre DDR-Irrtümer« (2008), später das von Dieter Hildebrandt mit einem Vorwort versehene »Ihr könnt ja nichts dafür! Ein Ostdeutscher verzeiht den Wessis« (2011). Holger Witzel (*Stern*-Autor) porträtierte den *ewigen Westen* in seinen 2012 bis 2014 erschienen »Beiträgen zur Völkerverständigung«. Der satirische Biss von »Schnauze Wessi«, »Gib Wessis eine Chance« und »Heul doch, Wessi« geht deutlich tiefer als bei Ensikat, geht zudem auch stärker ins Detail westdeutscher Osterklärpublizistik. Das Satirische bei Witzel ist mit der unvermeidlichen Selbstironie versehen, die ein Agieren aus medialer Minderheitsposition nahelegt. In seiner Bilanz westmedialer Ostabwertung charakterisiert Dirk Oschmann derlei Selbstironie als eine typische Strategie, sich aus der Schwäche- und Opferanmutung zu befreien – eine andere sei die dissidentische Totaldistanzierung vom Osten.

Die analytisch gewieften Bücher Witzels tendieren manchmal tatsächlich zu jener heftigen Ironiepanzerung oder Selbstironisierung, für die Oschmann die Kunstfigur Olaf Schubert als exemplarisch nennt.[92] Es ist eine Tendenz, die im Tonfall vordergründig den Spaßformaten der 90er Jahre folgt und damit skeptische Reserve gegenüber jener aufklärungseifrigen Satire bekundet, der die Politikkabarettisten

---

[92] Oschmann: *Der Osten*, S. 188, nennt das »Selbstdemütigung durch vorauseilende Distanzierung«.

von *Distel* und *Scheibenwischer* frönten. Oschmann folgt dieser didaktischen Tendenz seinerseits, wenn er den realen an einem imaginären Westen misst, nämlich an dessen Selbstbild und Normanspruch, und dass er ihn somit eines Besseren belehren will. »Ich bin nicht im Westen groß geworden, *aber mit dem Westen*, mit seinen Werten, [...]«[93] – mit dieser Konfession gerät das Westporträt aufs Gleis immanenter Kritik. Da Oschmann unaufhörlich den konkreten, wertbefreit hemdsärmeligen Westen mit dessen wortgefügt prätentiösem Werteüberbau vergleicht, muss er ebenso unaufhörlich das Prädikat »zynisch« vergeben. Es ist in seinem Buch das wohl meistgebrauchte Wort für westliches *Othering* des Ostens. Nun sind Heuchelei und Zynismus aber die Pole alles bürgerlichen und gewiss auch »postbürgerlichen« Seins, das sich ja in der Spannung von abstraktem moralischen Anspruch und konkretem materiellen Interesse hält. Warum sollte das im deutschen Ost-West-Verhältnis anders sein?

Versuche zu einer Phänomenologie des Westens mittels immanenter Kritik fielen in der vorangegangenen Autorengeneration gelassener aus. Als ältestes Beispiel seien die (Vor)Wendetexte von Martin Ahrends genannt. Bei diesem dialektisch beschlagenen Autor konnte man einem seelisch und geschichtlich entleerten Westen bei der rhetorischen Selbstverfertigung zuschauen. So während der frühen Einheitsjahre etwa im Radioessay »Ihr verbrauchten Verbraucher«[94] – der noch die Utopie einer von Selbstdarstellungs-

93 Ebenda, S. 48.

94 Martin Ahrends: *Ihr verbrauchten Verbraucher! Von der diskreten Hässlichkeit der Westdeutschen*, Göttingen 1991.

zwängen befreiten Gesellschaft beschwor und zuweilen »linker Melancholie« (Peter Sloterdijk) frönte. Kurze Zeit zuvor, im DDR-Flucht- und Krisenjahr 1989, hatte Ahrends mit »Mein Leben, Teil zwei« Gespräche mit Ausgereisten publiziert, die ihre Beobachtungen vorerst jenseits des bald erstarrten Ost-West-Deutungsrahmens artikulieren konnten. Einige seiner Gesprächspartner brachten die Syntax aller künftigen Ost-West-Phänomenologien auf den Punkt: »Es ist schon ein Unterschied, ob das Medium ein Fenster ist oder ob es seine eigene Wirklichkeit in die unsere verpflanzt.«[95] Medienprimat als Realitätsersatz, aber auch Westlichkeit als Nationsersatz: »Hier wird man immer wieder gefragt: Wie lange sind Sie schon in Deutschland? Ich sage: Seit meiner Geburt. Dann heißt es: So mein' ich das nicht.«[96]

Soziolinguistik und Politikfeuilleton

Der westdeutschen Erfahrungsscheu widmen sich seit längerem auch akademisch abgesicherte, etwa kultursoziologische und linguistische Vergleichsstudien. Das Bedürfnis,

---

[95] Martin Ahrends (Hrsg.): *Mein Leben, Teil zwei: Ehemalige DDR-Bürger in der Bundesrepublik*, Köln 1989, S. 77.

[96] Ahrends (Hrsg.): *Mein Leben, Teil zwei*, S. 87. Vielleicht war es seine kulturbürgerliche Herkunft, die Ahrends' Ost-West-Publizistik vor brachialhumorigen Zugängen bewahrte. Das Genre biographisch unterlegter Essay- und Glossenpublizistik tendierte in genau diese Richtung; selbst ein Virtuose des Schillerns zwischen Parodie und Selbstironie wie Uwe Steimle blieb nicht frei davon; vgl. ds.: *Wir sind nicht nachtragend ... aber wir vergessen auch nichts. Neues und Altes vom Zauberer aus Ost*, Leipzig 2020.

etwas spezifisch Ostdeutsches zu konstruieren – »Veranderung« bzw. »Andersmachung« lautet die grässliche Übersetzung von *Othering* –, war allgemein bald nach 1990 nachweisbar, speziell am asymmetrischen Charakter innerdeutscher Berichterstattung.

Das betraf die verschiedensten Themen, ob Vogelgrippe, Dopingproblematik, Rekrutenskandale, Kindesmisshandlung, dörflichen Fremdenhass oder ländliche Gewalt. Sobald im Osten virulent, wurden sie als dessen Strukturprobleme interpretiert. Seit der 2008 erschienenen Sammelstudie »Diskursmauern« ist der Befund unverändert aktuell: »Der Westen als ›Normal Null‹ bestimmt weiterhin die Diskurssemantik von ›ostdeutsch‹ und ›westdeutsch‹.«[97]

Eine hohe mediale, zudem gesellschaftliche und staatspolitische Aufmerksamkeit erzielen Ost-West-Interpretationen in publizistischer Festtagsprosa. Beispiele liefert jedes runde oder halbrunde Einheitsjubiläum, und zwar im Genre des qualitätsmedialen Besinnungsaufsatzes. Seine Verfasser sind oft ältere Medienschaffende aus dem Westen. Zumal die in den mittleren Einheitsjahren avancierten 1940er Jahrgänge waren in den Neunzigern längst von *Arbeiterkampf* über *taz* oder *Spex* zu *FAZ* oder *Welt* gewandert.

---

[97] Kersten Sven Roth/Markus Wienen (Hrsg.): *Diskursmauern. Aktuelle Aspekte der sprachlichen Verhältnisse zwischen Ost und West*, Bremen 2008, S. 55ff. Eine deutsch-deutsche Pointe ist es, dass dieser Nachweis von einem Schweizer Wissenschaftler stammt. Zur neuesten, strukturell unveränderten Lage im medialen Machtgefüge vgl. Lutz Mükke: *30 Jahre staatliche Einheit – 30 Jahre mediale Spaltung. Schreiben die Medien die Teilung Deutschlands fest?* Frankfurt/M. 2021.

Sie erinnerten sich oft nur traumatisch an ihr linksutopisches Engagement. Ostdeutsche Gegenwart erschien den also Geläuterten bevorzugt im Horizont der DDR-Staatsutopie, diese wiederum als probater Korrekturort eigener weltanschaulicher Verfehlungen. In den staatlich geförderten, meinungssteuernden Aufarbeitungsinstituten ist dies ganz manifest – Politbiographien wie die von Gerd Koenen oder Klaus Schroeder, leitmedial als Kalte Krieger dauerpräsent, sind hierfür exemplarisch. Bei vielen Autoren von *taz* bis *Welt* hatte sich ein starker Anti-Ost-Affekt in Begradigung ideologischer Lebensumwege fortgeerbt. Altwestdeutsche Kampflinien wurden und werden eins zu eins auf die Post-DDR-Gesellschaft abgebildet. Zudem geriet Ostdeutschland den Spätkonvertierten früh zum düsteren Hintergrund einer lichten, nunmehr verblassenden alten Bundesrepublik.

Die Geschlossenheit solcher Diskurswelten, auch ihre Abhängigkeit von einer vierzigjährigen Selbstsuspension der Alt-BRD von deutscher Geschichte, wäre analytisch ein lohnendes Thema. Doch dürften der Protest gegen die »Zuschreibungsspiele und Essentialisierungen« des Ostens (Oschmann) oder die selbstbewusst vorgetragene Perspektive der realsozialistischen Trägerschichten (Hoyer)[98] nicht so rasch zu einer Blickwende führen. Die Medienübermacht

[98] Leitmedialen Zorn erregten Passagen schon aus dem Vorwort: »Zu meinen Interviewpartnern gehörten Politiker wie Egon Krenz, einer der letzten Machthaber der DDR, und Entertainer wie der Schlagersänger Frank Schöbel. In der Mehrzahl aber waren es diejenigen, die den Staat funktionieren ließen: von Lehrerinnen, Buchhalterinnen und Fabrikarbeitern bis hin zu Polizisten und Grenzsoldaten.« (*Diesseits der Mauer*, S. 22).

West drängt als ostdeutsch markierte Autoren bis heute in die undankbaren Geschäfte von Zurückweisung, Korrektur oder folkloristischer Selbstverfremdung – letzteres mit der Lockung des Stolzes, nicht länger konstruierter, sondern endlich authentischer Osten sein zu dürfen. Leit- und somit westmediale Aufmerksamkeit erringt nach wie vor, wer den Verläufen altbundesdeutscher Meinungsströme folgt. In ihrem Gesprächsbuch von 2018 »Wer wir sind«[99] hatten auch die »Ostintellektuellen« *(Die Zeit)* Wolfgang Engler und Jana Hensel diesen Weg gewählt. Das Buch zeigt die bis heute typischen Grenzen für eine Ost-West-Blickwende.

Modernisierungsgeschichte Ost

Engler und Hensel wollten erzählen, verstehen, erklären, richtigstellen. Somit übernahmen sie prinzipiell die Fremdperspektive: Ostdeutschland als Sonderfall. Gern ideologisieren westdeutsche Medienschaffende die Verhältnisse im Osten, um sie hernach ideologiekritisch aufklären zu können. Real existierende Differenzen gelten dann als »Mauer in den Köpfen«.[100] Engler und Hensel bestreiten medien-

---

[99] Wolfgang Engler/Jana Hensel: *Wer wir sind. Die Erfahrung, ostdeutsch zu sein*, Berlin 2018.

[100] Oder gar als »Beitrittsphantasma«. Die politische Unterrepräsentiertheit Ostdeutscher ist demzufolge eine blanke Fehlwahrnehmung, nämlich diese: »Das Sagen haben im heutigen Deutschland die, die zuerst da waren, die Westdeutschen.« Pure Einbildung sei auch die Annahme ostdeutscher Intellektueller, es gäbe »Einflussstrukturen, in die man hinein muss, wenn man etwas erreichen will«. (*»Vom ostdeutschen Glauben, mehr zu wissen. Die alte Heimat ist weg, der Komplex bleibt, meint Heinz Bude«*, in: *Zeit online* vom 4. August 2011).

notorische Eigenheiten des Ostens nicht. Ostspezifika wie Skepsis gegenüber der Parteiendemokratie oder Präferenz für eine herkunftsblinde Geltung des Leistungsprinzips deuten sie meist transformationshistorisch. Ein Ex-DDR-Soziologe, dem über den Bruch von 89/90 hinweg Tätigkeitsart und -ort erhalten geblieben sind, eine ostdeutsche Journalistin, die ihr Ostdeutschsein erfolgreich thematisieren kann, reflektieren dies als biographische Sonderwege.[101] Sie wissen sich als privilegierte Vertreter »ihres« Volkes.

Das Wir-Sagen fällt Engler/Hensel oft schwer, das Ihr-Sagen eines medialen Mehrheitsblocks West hingegen empfinden sie als leichtfertig. Auch hierin wirft der übermächtige Diversitätsdiskurs des Westens seinen Schatten. In ihm nimmt die ostdeutsche Minderheit eine prekäre Zwischenstellung ein. Als Siedlungskollektiv zwar regional einigermaßen fixierbar, ist diese Minderheit doch nicht klein genug, um exotisierende Verklärungen freizusetzen. Ostdeutsche, sofern Ex-DDR-Bürger, befremdeten jahrelang durch eine qualitativ andere Sozialerfahrung und fanden sich zugleich auf eine quantitativ unzureichende Kulturstufe verwiesen. Die Zerstörung soziokultureller Räume wog hierbei ebenso schwer wie fortbestehende Einkommensdifferenzen. Der brutale »Rückbau« der sozialistischen Architekturmoderne ist eines der Beispiele, auf die Engler schon in seinem Klassiker »Die Ostdeutschen«[102]

---

[101] Vgl. ihre Diskussion von Repräsentations- und »Wir-Problem« in: Engler/Hensel: *Wer wir sind*, S. 65ff.

[102] Wolfgang Engler: *Die Ostdeutschen. Kunde von einem verlorenen Land*, Berlin 1999.

verweisen konnte. Diese gelebte und erfahrene andere Moderne, tatsächlich eine andere kulturelle Qualität, erscheint im Blick des deutschen Westens als unvollständig entfaltete, ideologisch behinderte Industriegesellschaftsversion. In »Wer wir sind« ist es abermals Engler, der das Steckengebliebene, Halb-Entfaltete der westdeutschen Modernisierung in Lebens- wie Landesgeschichte anspricht. Seine kultursoziologischen Exkurse zielen darauf, dass die Tiefe der Zerstörungen in SBZ/DDR, die längere Spürbarkeit der Kriegsfolgen und damit die Schwierigkeit, sich bei den Siegern der Geschichte zu wähnen, das Land an der mentalen wie moralischen Basis nachhaltiger modernisiert habe.

Diese Radikalmodernisierung des Ostens bei entmächtigtem Utopie-Überbau konnte nach 1990 mitsamt einer bewährten Ideologieskepsis als ein sozialer Überlebensvorteil scheinen, auch als bestandener ökonomischer Härtetest. Aus Arbeitslosigkeit, Entvölkerung und anderen typischen Phänomenen einer Deindustrialisierung hatte Engler denn auch frühzeitig seine Avantgarde-Reflexionen abgeleitet:[103] der Osten als Schnelldurchlauf von Erfahrungen, die den lange sozialstaatlich abgesicherten Westmilieus noch bevorstünden. Waren das also mentale Wettbewerbsvorteile aus der – so Englers Wort – »arbeiterschaftlichen« Vorschule DDR: Pauperisierung und Pragmatismus als Schule des Lebens?

Englers Spekulationen berührten sich mit damaligen Planspielen um Sonderwirtschaftszonen, beispielsweise in Doh-

---

[103] Wolfgang Engler: *Die Ostdeutschen als Avantgarde*, Berlin 2002.

nanyis »Gesprächskreis Ost«. Zur Jahrtausendwende hatte sich ein Wandel im westmedialen Ostdeutschlandbild vollzogen. Nachdem kurz zuvor noch ein »Ende der Schonfrist« für die nicht erst seit 1990 sozialstaatlich Verwöhnten gefordert worden war,[104] sprach aus dem nunmehr bemühten Avantgarde-Topos auch westdeutsches Unbehagen. Man fröstelte angesichts Dumping-Bereitschaft und eines schier grenzenlosen Selbstausbeutungswillens im Osten Deutschlands. Von einer »Speerspitze des neuen Amerikanismus« raunte Heinz Bude, einer der umtriebigsten Ost-Erklärer jener Jahre.[105] Träger jenes »neuen Amerikanismus« dürften freilich eher ostdeutsche Frauen in »flexiblen« Lohnverhältnissen und Geringerqualifizierte als der in Massen arbeitslos gewordene, DDR-typische Facharbeiter gewesen sein.

Kulturschutzgebiet West

Wenn Züge eines »entfesselten« – oder nur ökonomisch normalen? – Kapitalismus, eines »Raubtierkapitalismus«, auf die ostdeutsche Minderheit projiziert werden, dann verheißt das zunächst eine mögliche Blickwende im Ost-West-Verhältnis. Nicht mehr die kollektive Wärmebedürftigkeit, sondern der eiskalte Egoismus von Einzelkämpfern bestimmt das westliche

[104] Thomas Roethe: *Arbeiten wie bei Honecker, leben wie bei Kohl. Ein Plädoyer für das Ende der Schonfrist*, Frankfurt/M.1999.

[105] Zum Vorstellungskomplex im Ganzen und in der Fortsetzung: *»Vom ostdeutschen Glauben, mehr zu wissen. Die alte Heimat ist weg, der Komplex bleibt, meint Heinz Bude. Er beobachtet Ostdeutsche, ihre Anpassung und ihren Willen, Deutschland zu ändern«*, in: *Zeit online* vom 4. August 2011.

Ost-Bild.[106] Nicht der verblichene Zwangsstaat also, sondern die von ihm mühsam unterdrückte Raubtiernatur des Menschen. Diese Natur wäre 1990ff. in den Ostdeutschen zutagegetreten; eine – in der Deutungstradition bürgerlicher Metaphysik des Menschen (Hobbes, Nietzsche) – normale, unzivilisierte Natur. Allein der ich-sichere Wertewestler vermöchte ihr furchtlos ins Auge zu schauen, ohne deswegen die moralisch-kulturelle Contenance zu verlieren.[107]

Die sogleich nach dem Mauerfall zutage getretene »Habgier« und »Raserei« des »Zonenmobs«[108] konnten daher die

---

[106] Staatlich erzwungene Kollektivwärme, kalt gebliebene Einzelpersönlichkeit – der Topos ist in der wertewestlichen Ost-Beschau überaus verbreitet und hat längst literarische Ausgestaltungen gefunden. Sie reichen weit hinein in eine Generation, die aus dem nur mehr geographischen Osten gleichsam ins westliche Normaldeutschland herübergewachsen ist; vgl. die mehrheitsmedial als Osterklärungstexte beworbenen Titel von Anne Rabe (bei Klett-Cotta) oder Lukas Rietzschel (bei Ullstein).

[107] Furchtlosigkeit gegenüber den harten Tatsachen eines Lebens in der Freiheit reklamieren die meisten Spätbekehrten des Wertewestens; vgl. exemplarisch Gerd Koenen: Der einst SDS-Bewegte und natürlich längst totalitarismuskritische Totalitarismuserforscher fragt nach »der Wurzel der erstaunlichen Bereitschaft so vieler [Ostblockmenschen], sich einzufügen, mitzumarschieren, an den richtigen Stellen zu klatschen« (*Was war der Kommunismus*, Göttingen 2010, S. 123), regiert von Tyrannen wie »Erwin Krenz« (S. 121) oder Ceauşescu (bei Koenen: Ceauscescu). Koenens Antwort lautet auf ein ängstliches Ausweichen der Ostblockvölker vor den »Anforderungen einer immer komplexer werdenden, immer höhere psychische und organisatorische Alltagsleistungen abnötigenden, immer rastloseren kapitalistischen Moderne selbst, die im Gegenzug regressive Wünsche nach kommunistischer, traditionaler oder religiöser Verbindlichkeit produzieren« (S. 123). So kamen »kommunistische Systeme in Zeiten totalitärer Mobilisierung wie posttotalitärer Stagnation« wohl »durchaus den regressiven Wünschen breiter Massen von Menschen entgegen« (S. 122).

[108] Als Schlagworte und Publikationstitel seit den frühen 1990er Jahren überaus prominent bei Wolfgang Pohrt, Klaus Bittermann wie im sogenannten antideutschen Milieu überhaupt.

westlich Zivilisierten nicht intellektuell überraschen. Das Zonenmobgebaren musste ihnen ästhetisch jedoch Ekel, zuweilen Ängste erregen. Letzteres auch aus dem Bewusstsein, im historisch windgeschützten Westsystem auf anthropologischem Abweg gewandelt zu sein! »Der Ossi, ein verdruckster Typ, der immer frecher sein hässliches Haupt erhebt«[109] – er war ja nun erkennbar als die so hässliche wie elementare Wahrheit unterhalb der westlich-kapitalistischen Werte, zu denen das hier zitierte Milieu nach dem 9. November 1989 eilends zurückgefunden hatte. Der kulturelle, mehr noch der sozialstaatliche Überbau des westlichen Kapitalismus hätte sich also nicht nur als unverdiente Wohltat für die Eindringlinge, sondern auch als fragile Verhüllung oder riskante Verleugnung der – diesmal endgültig ermittelten – ewigen sozioökonomischen Natur des Menschen[110] blamiert. Als deren rohe Normalität hätte sich der Ostler erwiesen, eigensüchtig und fremdenfeindlich – zum Entsetzen aller verwöhnten Augen und feineren Nasen.

Die Normalisierung des Ostens im Zeichen anthropologischer Banalität (und Brutalität) ist ein subkutanes Phänomen geblieben, trotz stilistischer und ideologischer Einsprengsel aus »antideutschen« Milieus in Leitmedien wie *FAZ* oder *Welt*. Nicht wenige der Traditions- wie der Konversionswestler meinten 1990ff., in den Ostlern den »echteren

---

[109] *Zoni*-Reihe von Klaus Bittermanns »Edition Tiamat«, Rücktitel.

[110] Was dem ossihassenden Milieu an anthropologischer Tiefenerkenntnis glückte, sei hier nicht verschwiegen: »Was der Mensch an sich selber nicht erträgt, verschiebt er auf eine andere Person.« (Wolfgang Pohrt: *»Hass gegen den Rest der Welt«*, in: Bittermann (Hrsg.): *Unter Zonis*, S. 36).

Deutschen« begegnet zu sein.[111] Namentlich die ex-linken Konvertiten zum Wertewesten forderten erhöhte Wachsamkeit und Strenge gegenüber den unerwünschten Fremden. Doch nicht der ideologiekritisch-schrille, sondern der apologetisch-sentimentale Blick auf die verblassende frühe »Bunzrepublik« (Martin Walser) sollte langfristig die Meinungsmärkte beherrschen. Schon bald nach 1990 war eine zuweilen wehmütig, zuweilen pathetisch gehaltene Literatur entstanden, deren bevorzugtes Thema eben jene »alte Bundesrepublik«, der »rheinische Kapitalismus«, »die Bundesrepublik Adenauers« (Stephan Detjen, *Deutschlandfunk*) bildeten.[112]

Ihre Produktion hält bis heute an. In BRD-heimatliterarischer Sicht verschmelzen Westbindung, 68er-Revolte und Flächentarifverträge zu einer urwestdeutschen Identität.[113] Der Osten Deutschlands erscheint hiergegen als Agens eines Verfalls, ja einer viralen Invasion. Über eine Ossifizierung des Westens mit dem Ergebnis einer »beschädigten Republik«

---

[111] Der Topos ist im gesamten ideologischen Spektrum West geläufig, von der radikalen Rechten (Gerd Bergfleth) über die turbowestlichen »Antideutschen« bis zu einem bekennenden Späthippie wie Wolf Wagner: »Die proletarischeren, deutscheren und an mehr Gleichheit gewöhnten Ostdeutschen mussten sich auf das mittelständischere, amerikanischere und an Ungleichheit gewöhnte Westdeutschland einlassen und waren wegen der Vereinigung als Beitritt dazu gezwungen, sich ihm anzupassen.« (ds.: *Ein Leben voller Irrtümer*, S. 263).

[112] *»Zur Person«*, Stephan Detjen im Interview mit Annette Schavan, in: *Deutschlandfunk*, 27. Oktober 2016. Das Format gerät bis heute immer wieder zur Nostalgiesendung für westdeutsche Prominente und Ex-Prominente.

[113] Seine Erzählform sind zumeist Geschichten von Emanzipation und Konsum, wobei die entsprechenden Konsumgenerationen nach Produktmarken (Florian Illies) oder auch popindustriell produzierten Erlebnissen gezählt werden (Jens Balzer).

wurde geklagt.[114] Der hohe Ton dieses Lamentos erklang ein Einheitsjahr ums andere in den Leitmedien,[115] vom Flachland der Comedians ganz zu schweigen. Solche Erzeugnisse sind unverkennbar für ein heimisches, heimatbedürftiges westliches Wir gemacht. Der Hass auf den Osten dient als Medium von Selbstverständigung wie Selbstverschließung.

Verstehen, auch nur erklären wollen diese Autoren jedenfalls kaum, höchstens entlarven. Hingegen waren noch die angriffslustigsten Satiren auf die westliche »Veranderung« bzw. Verostung des Ostens an ein Gegenüber gerichtet, das damit als »Normal-Null« (Sven Roth) anerkannt blieb. Gerade die besten Exemplare dieses Genres zeigen, dass seine Möglichkeiten begrenzt sind. Nicht nur, weil der Adressat dieser Erfahrungs- und Reflexionsbücher davon gar nicht hören und lesen will, nicht nur, weil daseinsprägende Erfahrungen nur gemacht, nicht gelehrt werden können. Es fragt sich vielmehr, ob eine Blickwende – eine Wende von versuchter Selbstnormalisierung hin zum Blick auf die Normalisierungsverweigerer ihrerseits nicht mehr erbringt. Anders gesagt: Die alte, um ihre Erinnerungen zusammengedrängte Bundesrepublik, nicht die DDR und ihr Nachfolgekollektiv könnte das eigentlich zu Erklärende deutscher Geschichte sein; zu erklären diesmal nicht – wie bislang – exklusiv durch die Ihren.

---

[114] Wolfgang Herles: *Wir sind kein Volk. Eine Polemik*, München [3]2004, S. 13.

[115] Als Musterwestdeutsche vgl. Maxim Biller über den Biss des »Ossivampirs«, der »unsere einst so libertäre, offene, unnationalistische Gesellschaft mit seiner Osthaftigkeit vergiften« werde (*FAS* vom 22. März 2009), sowie Friedrich Küppersbusch, »Wir haben euch nicht gerufen. Hier gelten unsere Werte!« (*taz* vom 21. Februar 2016).

Ahrends, Engler, Hein, Oschmann, Witzel und andere schrieben gegen einen schier allmächtigen politisch-medialen Komplex an, dessen Beschäftigte für permanentes *Othering* des Ostens sorgen. Eines seiner Standardthemen ist die radikale Andersartigkeit, ja BRD-Unverträglichkeit Sachsens. Die Studie zur systematisch herabsetzenden Ostdeutschland- und speziell Sachsen-Berichterstattung im *Spiegel* war bereits 2008 erschienen.[116] Auch für andere Leitmedien, erst recht für eine ihnen zuarbeitende Ad-hoc-Ethnologie, bedeutet »das Sächsische« bis heute das so kultur- wie gedankenlos bejahte »Eigene, Deutsche, Ostdeutsche«.[117] Es ist ein Sprechen von fast durchweg west-, somit mehrheitsdeutschen Meinungsbildnern über eine Minderheit. Diese Minderheit ermangelt aller Merkmale einer schutzwürdigen Gruppe. Als exotisch-bereichernd erscheint das Sächsische ebenso wenig. Was also ist an ihm, das regelmäßig zum Affektausbruch reizt?

Dresden als Paradigma des Antiwestlertums

In manchem künden die Anti-Sachsen-Affekte der letzten zehn Jahre von einem Akzentwechsel der westlichen Ost-

---

[116] Kersten Sven Roth/Markus Wienen (Hrsg.): *Diskursmauern. Aktuelle Aspekte der sprachlichen Verhältnisse zwischen Ost und West*, Bremen 2008.

[117] Aufgrund »historisch gewachsener Neigungen« und »Dispositionen« neige man zwischen Heidenau, Freital und Dresden zu »einer Überhöhung des Eigenen, Sächsischen, Ostdeutschen, Deutschen«, schreiben die Herausgeber der methodisch umstrittenen, teils dann zurückgezogenen Studie *Rechtsextremismus und Fremdenfeindlichkeit in Ostdeutschland*, Göttingen 2017 (hier: S. 193, S. 195, S. 206).

deutschland-Deutung. In der bald nach 1990 entstandenen Nostalgiepublizistik über die alte Bundesrepublik stand Sachsen bestenfalls für naivdemokratische Bürgerbewegtheit,[118] schlimmstenfalls für anspruchsdreisten Beitrittsbegehr inklusive Beitrittskosten[119]. Nicht wenigen Alt-BRD-Nostalgikern bedeutete Sachsen geradezu den Ursprungsort von Deutschlands materiellem Abstieg.[120] Hinzu kamen politische Unberechenbarkeiten des deutschen Ostens insgesamt. In den ersten Einheitsjahren galten sie als Ausdruck nicht nur mangelnder Demokratie-, sondern auch Wirtschafts- und Eigentumserfahrung – von »Entbürgerlichung« und »Verproletarisierung« (Jörg Schönbohm).

---

[118] Vgl. Thomas Schmid: *Staatsbegräbnis. Von ziviler Gesellschaft*, Berlin 1990, S. 21f.: Die Leipziger Montagsdemonstranten hätten eine vordemokratische Mentalität gezeigt, hätten sie sich doch nicht – wie die bei Springer angekommenen Revolutionäre von 1968 – »zum Nahkampf in die zerklüfteten Institutionen des Staates begeben«. Das Volk sei »vielmehr einfach in seiner Körperlichkeit auf der Straße zusammengelaufen«.

[119] Aus demselben Gedankenkreis wie Thomas Schmid, jedoch auf Westberliner Szene-Reichweite beschränkt: der Kreuzberger Klein- und Selbstverleger Klaus Bittermann. Die deutsche Einheit kommentierte er frühzeitig so: Der Bundesrepublik drohe ein finanzieller Kollaps durch den ostdeutschen Neuzugang. Da ohne Wirtschaftsverständnis bei zugleich hohem materiellem Anspruch, könnte der Osten das System destabilisieren. Denn auch »der Kapitalismus passt dem Zonen-Bewohner nicht mehr, seit es aus dem Geldhahn nicht mehr so munter plätschert wie am Anfang der Beziehung.« Kurz: »Gegen die Ossis muss man sogar den Kapitalismus verteidigen.« Vgl. den Wiederabdruck dieses und anderer Texte zur Einheit in: Klaus Bittermann: *Unter Zonis. Zwanzig Jahre reichen jetzt so langsam mal wieder: Ein Rückblick*, Berlin 2009, S. 111 und S. 21.

[120] Die Selbstvergewisserungsliteratur der alten Bundesrepublik stellt bis heute einen beachtlichen Anteil am zeithistorischen Buchmarkt. Ihre Klassiker wurden und werden meist durch Journalisten (als Wegbereiter beispielsweise durch Wolfgang Herles oder Josef Joffe) produziert, daher durch Leitmedien wie etwa den *Deutschlandfunk* überproportional häufig besprochen.

Rasche Verbürgerlichung, wenn möglich Christianisierung[121] war das empfohlene Zivilisierungsmittel. Darin bezeugte sich der mehrheitsmedial gepflegte, wenn auch inhaltlich vage Glaube an eine »gesellschaftliche« oder »bürgerliche Mitte« als Basis aller Freiheitsliebe, Demokratietreue und Weltoffenheit. Er sah sich herausgefordert durch einen explizit *bürgerlichen* Widerstand gegen die Asylpolitik der Regierung Merkel. Dieser Widerstand kam aus einem so mühsam wie kostspielig rekonstruierten Nachwendesachsen und namentlich aus seiner flussnahen Perle. War es nun nicht gerade eine stadtbürgerliche, mithin zivilgesellschaftliche Bewegung, die lautstark ihr Unbehagen kundtat?

Dresden ist zur stehenden Metapher altbundesdeutschen Argwohns gegen ostdeutsches Anderssein geworden, und zwar gerade deshalb, weil es problematische Selbstdeutungen des deutschen Westens sichtbar macht. Jahreszeitlicher Höhepunkt der altbundesdeutschen Aufmerksamkeit für die Stadt ist immer wieder das Erinnern an den 13. Februar 1945. Von sächsischer Weinerlichkeit, sächsischem Selbstmitleid und Selbstbezogenheit war und ist west- und damit leitmedial häufig zu hören und zu lesen. Schließlich seien auch auf westdeutsche Städte nicht wenige Bomben gefallen, habe es dort weit mehr zivile Tote gegeben, ohne dass die Trauer deshalb ins politisch Bedenkliche abgedriftet sei.

---

[121] *»Die katholische Kirche soll endlich missionieren«,* hatte Lucas Wiegelmann in der *Welt* vom 28. Mai 2016 getitelt.

Zentral organisierte städtische Gedenkveranstaltungen finden in Dresden seit 2016 nicht mehr statt. Dennoch bleiben Opferbilanzen und komparatives »Leichenzählen« (Paul Ricœur) die bevorzugten Mittel, um den Dresdnern oder gar den Sachsen überhaupt mangelnde Empathie mit fremdem Kriegsleid wie jüngst auch mit Geflüchteten zu unterstellen. Das alles folgt allgemein zunächst der altbundesdeutschen Leiterzählung von ostdeutscher Undankbarkeit, von gar zu rasch vergessenem Aufnahmebegehr ins Wohlfahrtsland West. Im konkreten Fall Dresden werden zudem beträchtliche Forschungsarbeit und Fördergelder investiert, um Analogien zwischen der Nazi- und der SED-Propaganda zum 13. Februar nachzuweisen. Dies betrifft Opferzahlen, doch ebenso Sprachliches (»Bombenterror«, »Terrorangriff«). Ein typisches Beispiel war die regierungsoffiziell inaugurierte Studie »Rechtsextremismus und Fremdenfeindlichkeit« von 2017. Mitarbeiter des Göttinger *Instituts für Demokratieforschung* reisten für ein paar Tage nach Sachsen und fanden heraus: Der Grund für das geschichtsvergessene und fremdenfeindliche Gedenken vieler Sachsen liegt in ihrem provinziellen, zudem ideologisch verfestigten Antiamerikanismus. Dresden nehme es den US-Amerikanern nämlich weiterhin übel, dass mit ihnen eine Nation von Einwanderern und Kosmopoliten ihr Elbflorenz zerbombt habe. Hier wirke das unselige DDR-Erbe fort. »So wurde in der Nachkriegszeit die Bombardierung Dresdens von der SED-Führung als Beweis für die Brutalität des ›westlichen Imperialismus‹ ausgelegt. Im Lehrplan für das Fach Geschichte von 1951 war zum Beispiel vorgesehen, die ›*Terrorangriffe der angloamerikanischen Bomber auf die Zivilbevölkerung*‹ zu behandeln«. Weiter heißt es: »Dabei scheute sich die SED nicht, den Luftkrieg mit den Gräueltaten des NS-Regimes zu vergleichen […]«[122]

In der so gezogenen Linie vom lehrplanoffiziellen Antiamerikanismus des Jahres 1951 zur leitmedial registrierten Willkommensunlust im Raum Dresden 2015 ist der 1945er Bombenangriff mit einem moralischen Sinn versehen, der den historischen Kontext weit übersteigt.[123] Die postume Sinngebung kann bis zur Frivolität gehen, zur Deutung des Bombenangriffs als Erziehungsmaßnahme gegen eine Stadt ewiger Freiheits-, Fremden- und Flüchtlingsfeinde. So äußerte etwa der altbundesweit beliebte Romancier Daniel Kehlmann seinen Zweifel daran, dass die sächsischen Rechtstendenzen des Jahres 2018 gewaltlos einzudämmen seien, gar durch die stets beschworenen Allheilmittel Bildung und Lesen. Die *Welt* zitierte ihn mit den Worten, es sei »sicher keine Lösung, Romane mit Fallschirmen über Dresden abzuwerfen«.[124] Ein Journalist vom Westberliner

---

[122] Vgl. Danny Michelsen, Marika Przybilla-Voß u. a.: *Rechtsextremismus und Fremdenfeindlichkeit in Ostdeutschland im regionalen Kontext. Ursachen – Hintergründe – regionale Kontextfaktoren.* Wiederveröffentlichte, überarbeitete Fassung von 2017, S. 39.

[123] Innerhalb der linken und linksliberalen Publizistik ist umstritten, ob das *»Morale Bombing«* mit seinen Ziviltoten zur – vor allem moralischen – Befreiung Deutschlands vom Faschismus beigetragen habe. Die meisten der damaligen wie nicht wenige der späteren Deutschen hätten sich ja gerade *nicht* befreit gefühlt; vgl. exemplarisch Anastasia Thikomirova: *»Opa war schrecklich kalt im Krieg. Den 8. Mai zum Tag der Befreiung umzulabeln, tat der heimischen Seele gut. Dabei wurde 1945 die Welt befreit, nicht die große Mehrzahl der Deutschen«*, in: *taz* vom 8. Mai 2023.

[124] Es handelte sich um ein Interview, das Kehlmann der Hochschulzeitschrift *Campus* gegeben hatte, hier zit. nach *»Bestseller-Autor Daniel Kehlmann warnt vor Aufstieg der Rechten in Deutschland«*, in: *Welt* vom 5. Februar 2018.

Tagesspiegel hatte zuvor eine subtilere Deutung angeboten: Die USA, bekannt für ihr Willkommenheißen und das Zusammenleben verschiedenster Einwanderergruppen, seien das natürliche Feindbild der DDR-geprägten sächsischen Wutbürger: »Ein latenter Antiamerikanismus, der sich einst wegen der Bomben aufbaute, richtet sich heute gegen die gesellschaftliche Wirklichkeit eines Einwanderungslandes.«[125]

Solche Äußerungen verlauten aus einer durchweg altbundesdeutschen Meinungspublizistik. Interessant an ihnen sind weniger der moralische Relativismus oder lückenhaftes Geschichtswissen als vielmehr eine Neigung zum Kategoriensprung, die allerdings typisch ist. Dresdens Untergang wird nämlich nicht nur als verdiente Bestrafung deutscher Aggression, sondern auch als – immer noch nicht ergriffene – Chance moralischer Neubesinnung gedeutet.[126] Neben dem Wunsch, wenigstens nachträglich auf der Siegerseite der Geschichte zu stehen, machen derlei Gewagtheiten ein hermeneutisches Dauerproblem sichtbar: Der historische Horizont westlicher Ostdeutschland-Interpreten ist durch die nur einseitige Systemerfahrung begrenzt. Die nachwendische Ost- wie die DDR-Lebenswelt müssen sie sich durch die offizielle Parteisprache, durch Propagandabegriffe der SED erschließen. Diese Sprache denken sich die Interpreten,

---

125 Albert Funk: *»Das Tal der Anfälligen: Rechtsextremismus in der Region um Dresden«*, in: *Der Tagesspiegel* vom 26. August 2015.

126 Vgl. die Diskussion um »Sauerkraut, Kartoffelbrei – Bomber Harris, Feuer frei!«, ein Poem der damaligen Jungpolitikerin Julia Schramm; hierzu Sebastian Heiser: *»Dresdener Bombergate. Piratinnen verteidigen Bomber Harris«*, in: *taz* vom 21. Februar 2014.

in der Regel ihrerseits straff meinungsmilieusozialisiert, als einen Nürnberger Trichter, durch welchen Parteiideologie direkt zu Gefühlsrealität geworden sei.

Die Auslöschung Dresdens lässt sich nun aber nicht auf den Umgang mit ihr in der NS- und in der SED-Propaganda reduzieren. Die sowjetische Armeeführung wiederum betrieb keine planmäßige Vernichtung deutscher Städte. Eben hierin liegt das Problem für die westdeutsche Selbstidentifikation mit den – exklusiv – westlichen Siegermächten des Zweiten Weltkriegs. Bereits das Wort *Terror* wird so zum Sakrileg. Tatsächlich spiegelt es jedoch das Selbstverständnis, auch die Ausdrucksweise der Planer in den RAF- und USAAF-Stäben.[127] In seinem lateinischen Ursprung bedeutet Terror *»Schrecken, Schreckensnachricht«*, womit der Effekt des Ereignisses auch auf die Art seiner Wahrnehmung eingeschlossen ist. Tatsächlich diente der Terror dem *»Morale Bombing«*, mit dem man die deutsche Bevölkerung von der Naziführung zu separieren hoffte. Bekanntlich war das Gegenteil der Fall.

Westdeutschland unter den Westalliierten

Die westalliierten Bombenangriffe jenseits militärischer Notwendigkeit, aber auch die gigantischen Menschenopfer des östlichen Alliierten im Kampf gegen Hitlerdeutschland

---

[127] »In private, the Air Staff had no compunction about using the term ›terror‹ […]«, bemerkte Leo McKinsky: *»The revenger's tragedy«*, in: *New Statesman* vom 17. Dezember 2009.

haben eines gemeinsam: Die Erinnerung daran war wenig brauchbar bei der transatlantischen Neuverortung der entstehenden, oft ihrerseits NS-kontaminierten BRD-Eliten. Die erstrebte geschichtliche Siegeridentität an der Seite der Westalliierten blieb fragil.

Nach 1990 bot es sich an, die eigene Unsicherheit per Antiamerikanismus-Verdacht auf eine wertewestlich noch unsichere Deutschlandhälfte Ost zu projizieren. Tatsächlich hatten sich die Ostdeutschen niemals in vergleichbarem Maße mit der sowjetischen Besatzungsmacht identifizieren können. Zudem konzentrierten sich im Osten die negativsten Erinnerungen mit ihr eher auf die Schlussphase des Krieges und das erste Nachkriegsjahrzehnt – auf politisch-militärische Repression und Reparationsdruck. Das alles stand in starkem Gegensatz zum politisch, bald auch kulturell gewachsenen Gefühl der Westdeutschen, Teil einer westlichen Gemeinschaft geworden zu sein und damit auch die westlichen Alliierten gleichsam als die eigenen betrachten zu dürfen. Zwar war es im wieder vereinten Deutschland zu zahlreichen Gedenk- und Versöhnungsveranstaltungen gekommen, auch in Dresden.[128] Doch dem allmählichen Begreifen der USAAF/RAF-Bombardements als Teil einer Eskalationsgeschichte, die mit den nazideutschen Bombenangriffen auf westeuropäische Städte begonnen hatte, waren zumindest regierungsoffiziell Jahrzehnte westdeutscher Redescheu vorangegangen. Die materielle Niederlage Deutschlands war im

[128] Vor Dresdens Frauenkirche fand wiederholt deutsch-britisches Gedenken statt, für den Wiederaufbau bis 2005 spendete der britische *Dresden Trust* und damit auch das Königshaus.

Wirtschaftswunder bald verschmerzt gewesen, einen etwaigen moralischen Bankrott schien man sich angesichts der Bombennächte nicht eingestehen zu müssen.

Der sogenannte Rosinenbomber, im Kalten Krieg um Westberlin propagandistisch überhöht, symbolisierte den angestrengt harmlosen Blick auf die neue, westliche Bundesgenossenschaft. Er war typisch nicht nur für Westberlins, sondern auch Westdeutschlands Bewusstsein, auf die richtige Seite der Geschichte gewechselt zu sein. Lange Zeit musste dieses Bewusstsein so ambivalent wie instabil bleiben. Versuche einer moralischen Vorwärtsverteidigung zugunsten der Westmächte und ihrer Luftkriegsführung waren in der Alt-BRD selten. Erinnerlich ist daher umso stärker eine Intervention des Literaturprofessors und langjährigen *Merkur*-Herausgebers Karl Heinz Bohrer von 1991. Dieser meinungsmächtige Intellektuelle hatte die – völkerrechtlich gleichfalls nicht gedeckten – US-amerikanischen Bombardements im zweiten Golfkrieg zu entskandalisieren versucht, indem er auf eine Zurückstellung von juristisch-moralischen Bedenken drängte. Bohrer ordnete letztere einem spießig-feigen Rechtsformalismus zu. Die verzagte Mainzelmännchen-Mentalität der Bundesdeutschen gefährde die gemeinsame Sache der westlichen Welt im Nahen Osten. Bohrer argumentierte psychologisch und politikästhetisch: Die militärische Praxis echter, selbstbewusster Weltmächte wie der anglo-amerikanischen charakterisiere ein selbstverständlicher Umgang mit dem Horrorszenario, der es ihnen »schon 1945 erlaubte, Dresden und Hiroshima fast ohne moralische Skrupel auszulöschen. Als Herren der

Geschichte des 20. Jahrhunderts haben sie kein Schmerz- und Schuldbewusstsein entwickelt, so wenig wie der sich gesund Fühlende zum Psychiater geht.«[129] Bei Bohrer war die BRD-typische Selbstidentifikation mit der eigenen Besatzungsmacht bis zum Versuch einer seelischen Anverwandlung gediehen. Zudem umgab sie sich mit einer Aura literarischer Schmissigkeit und intellektueller Kühnheit. Darin vereinten sich politische Vision und professionelles Interesse des Literaturwissenschaftlers. Bohrers Langzeitprojekt war eine »Ästhetik des Schreckens«,[130] gewollt und gedacht als ein Gegengift zur existentiellen Langeweile im Nachkriegsdeutschland West.[131]

Somit hatte das Wörterrasseln einen sachlichen Kern. Bohrer registrierte die politische Selbstprovinzialisierung des westlichen Teilstaats, seinen Status als europäischer Filiale Amerikas. Als Politästhet litt er am Nichtheroischen der westdeutschen Nachkriegsgründung, einer geschichtsberuhigten »Fußgängerzone«[132] mit ausschließlich materiellen

---

[129] Karl Heinz Bohrer: *»Provinzialismus (II). Ein Psychogramm«*, in: *Merkur* 3/1991, S. 255–262, hier: S. 257.

[130] Bohrers einschlägiges Projekt stand in der Tradition des Politnietzscheanismus; vgl. Vf.: *Ernstfall Nietzsche. Debatten vor und nach 1989*, Bielefeld 2010.

[131] »Kaltblütig«, »entschlossen«, »skrupellos« waren Lieblingsadjektive des glühenden, freilich ungedienten Ernst-Jünger-Verehrers. Sie finden sich in Bohrers Politikessays *Englische Ansichten* (1982) bis zu seiner Autobiographie *Jetzt* (2017).

[132] Diese Metapher für die BRD war bis in die frühen Neunzigerjahre politisch lagerübergreifend beliebt. Sie fand sich in einer Aufsatzsammlung des Rechtsintellektuellen Günter Maschke ebenso wie – mit direktem Bezug auf Bohrer als den »Herrenreiter in der Fußgängerzone« – in einem Gedicht des »Ost-Berliner Dramatikers« *(FAZ)* Heiner Müller.

und moralischen Großmachtansprüchen. Zugleich wollte Bohrer jedoch – wie die meisten Bundesdeutschen – nicht zuerst Deutscher, sondern Westdeutscher, Westeuropäer, Westler, kurz: bei den *Herren der Geschichte* sein. Den Abschied von der deutschprovinziellen neuen Händlergesinnung in ihrer »winselnden Harmlosigkeit«[133] erhoffte Bohrer daraus, dass die Bundesrepublik US-amerikanische Außenpolitik endlich aus eigener Kraft betriebe. »Verkappte Abkehr vom Westen (sprich: den Vereinigten Staaten)« interpretierte er als »Konsequenz einer provinziellen Mentalität«.[134] Zugehörigkeit zu einem allein durch Werte bestimmten Westen befreie von nationalprovinzieller Handlungsschwäche wie selbstgenügsamem Schuldgedenken. Für Bomben auf den Irak warb Bohrer 1991 wie folgt: »Nicht von ungefähr zeigen eben jene westeuropäischen Länder den Willen zur Entmachtung [Saddam Husseins], die eine lange, eindrucksvolle demokratische Tradition besitzen: die angelsächsischen Seemächte, die immer noch selbstbewussten Niederlande, die Französische Republik Mitterrands und das dem Westen seit Jahrhunderten tief integrierte Italien. Es sind die gleichen Mächte, die Nazideutschland vor fünfzig Jahren ohne Skrupel in die Niederlage bombten.«[135]

Italien, Frankreich, die Niederlande allerdings standen Nazideutschland nicht als Bombenmächte gegenüber. Insofern

---

133 Vgl. Bohrer: *Provinzialismus. Ein physiognomisches Panorama*, München 2000, S. 11 und S. 14.

134 Bohrer: *Provinzialismus*, S. 45.

135 Ebenda, S. 34.

schienen die Geschichtskenntnisse des Literaturprofessors hier etwas lückenhaft. Doch nicht dies machte seinerzeit Skandal. 1991 wurde Bohrers Jargon der Entschlossenheit als kaltschnäuzig und menschenverachtend gerügt, etwa durch SPD-Vordenker Peter Glotz. Was heute stärker auffällt, ist die Reduktion kollektiver Erfahrungsbestände auf individualpsychologisches Gedankenspiel. Dem Zaungast bei der Weltgeschichte soll das, was andere tun oder litten, einen gefühlskonsumtiven Mehrwert abwerfen; fremdes Sterben als inneres Erlebnis. Die Ästhetisierung einstigen Bombenterrors fügt sich nahtlos zur Moralisierung künftiger Bombardements als humanitärer Einsätze. Was beides unverkennbar grundiert, ist Westdeutschlands jahrzehntelanger Dispens von Real- qua Nationalgeschichte. Als Schulden- und Schuldgeschichte war sie erst viele Jahrzehnte nach 1945 entdeckt worden, aus historisch sicherer Entfernung.

In Bohrers Vernichtungsschwärmereien hatte jener Geschichtsdispens eine besonders bizarre Gestalt angenommen. Das westdeutsche Qualitätsfeuilleton sollte sie noch jahrzehntelang nostalgisch umkränzen. »Von allen Intellektuellen ist er der verwegenste Abenteurer: Karl Heinz Bohrer – der Brite unter den Deutschen«, schwärmte ein Redakteur der *Zeit*.[136] Und die Amerikaner? »Wissen Sie«, hatte der Verwegene das Blatt bereits 15 Jahre zuvor informiert, »den Krieg haben die Amerikaner gewonnen, indem sie jazzend aus dem Meer herauskamen, vor diesen tapferen, aber tumben und vollkommen anachronistischen

[136] Ijoma Mangold, in: *Die Zeit* vom 21. September 2012.

deutschen Soldaten. Das war der Triumph der Säkularisation. Ohne Götter human sein.«[137]

[137] Karl Heinz Bohrer gegenüber Thomas Assheuer: *»Das ist das letzte Gefecht«*, in: *Die Zeit* vom 7. März 1997.

Der Ort des Bösen[138]

Im gegenwärtigen *Merkur* erinnert man sich der Bohrer-Regentschaft nur ungern. Ihre personalen Altlasten wurden dort rasch entsorgt. Es war und ist die Betriebsformel nicht nur dieser altbundesdeutschen Zeitschrift,[139] das der jeweiligen Gegenwart Angepasste mit dem Chic der Unangepasstheit vorzutragen. Mit seinem Antirussizismus wie mit seinem Bellizismus hätte der Geistesabenteurer Karl Heinz Bohrer sich heute kaum mehr als einsamer Seher fühlen müssen. Doch Bohrers Faible für eine Ästhetik des Schreckens, erwachsen aus altbundesdeutschem Ennui und schwarzromantischem Epigonentum, schoss über die profanen Betriebszwänge des Politischen weit hinaus. Diesen genügten ideologisch schlichtere Propagandadienste an der bundesdeutschen Westbindung. Somit hat nicht erst der Ukrainekrieg für eine Renaissance des politisch Bösen gesorgt. Bereits jene internationalen Konflikte, die in die ersten Einheitsjahre fielen und von US-Seite mit Wünschen nach BRD-Beteiligung begleitet wurden, zeitigten gnostische Exzesse.[140] Das Böse *(Evil)* war durch seine Akteure und Achsen bald nach 1989 in die weltpolitische Arena zurückgekehrt. Die Interpretationsarbeit verdienter BRD-Intellektueller erbrachte damals manche

[138] Teile dieses Essays erschienen unter dem Titel *»Die Namen des Bösen«* in: *Sinn und Form* Nr. 73 (2021/3), S. 318–328.

[139] Einen »Leuchtturm westdeutscher Intellektualität« nannte Florian Felix Weyh den Bohrer-*Merkur* im *»Büchermarkt«* des *Deutschlandfunks* noch am 21. Mai 2017.

[140] Nachfolgend werden politisch-moralische Dualismen begrifflich pauschal, jedoch historisch präziser als »gnostisch« statt als »manichäisch« bezeichnet, da gerade der Manichäismus keine schlicht symmetrische Entgegensetzung zwischen Licht- und Dunkelreich propagierte.

tiefenhistorische Einsicht, zum Beispiel, dass Saddam Hussein ein Wiedergänger Adolf Hitlers sei.[141] Auch die heutige Politrhetorik der Grünen durchziehen Imaginationen des moralisch Bösen. Sie beeindrucken durch ihre synthetische Dichte. Das Böse kann sich nun gleichermaßen in Hautfarbe, Alter, Geschlecht, Sozialstellung, Religion und Wirtschaftsweise manifestieren. Freilich liegt selbst in Zeiten »feministischer Außenpolitik« und »wertegeleiteter Weltordnung« eine Ära globalethischer Unschuld in weiter Ferne. Kurz, das Böse behauptet seinen Platz. Nur bedingen die notorischen Welt-Verstricktheiten des Westens, insbesondere des bundesdeutschen, eine höhere Variationsbreite politischer Dämonenkunde. Auch das Gute nämlich – inkarniert im »besten Deutschland aller Zeiten« (Frank-Walter Steinmeier) – ist in sich selbst weder einheitlich noch einfach beschaffen. So schillern die Sehnsüchte der Spät-BRD weiterhin zwischen moralischem Weltberuf und materiellem Wohlbefinden. Wenn etwas diese beiden bedroht, dann wird das Bedrohliche zumeist als lebendes Relikt oder als Reanimation längst überwunden geglaubter Mächte begriffen, mit einem Wort: als un-, vor- oder antimodern.

Historisches Vorspiel der Dämonenkunde

Solche Theorien politischer, sozialer, ökonomischer, kultureller Modernisierung waren im 20. Jahrhundert oft Säkula-

[141] Hans Magnus Enzensberger: *»Hitlers Wiedergänger«*, in: *Der Spiegel*, Heft 6 vom 3. Februar 1991. So wie für *Bild* später Putin der amtierende »Russen-Hitler«!

risierungstheorien. Verfehlte oder verzögerte Modernisierung verwies demnach auf die Hartnäckigkeit einer dogmatischen, zum Beispiel quasi-theologischen, ideologischen, totalitären Substanz, vor allem aber auf den Hunger nach solcher Substanz, der in schlichten Seelen wohne. Das Modernisierungsparadigma liefert bis heute auch die Optik, mittels welcher der Osten primär als Nicht-Westen und also Nicht- oder Mindermodernität imaginiert wird, als unterwegs in einer schier beginnlosen, aber historisch begrenzten Bewegung, die zuerst die westlichen Nationen und alsdann die Bundesrepublik Deutschland vollendet hätten.[142] In einer anderen Sicht auf Säkularisierung hingegen erscheint diese als – immer wieder gescheiterte – widerrechtliche Aneignung originär theologischer Fundamente von Politik und Gesellschaft. Dämonisierungen des politischen Gegners sind diesem Modell zufolge nichts Spektakuläres, würden sie doch einen durchaus kreatürlichen Herrschafts- und Vernichtungswillen lediglich modern-massengesellschaftlichen Bedingungen anpassen.

Insgesamt haben modernisierungstheoretische Politikdeutungen etwas an Renommee verloren, zumindest in ihrer schroffsten Form (Moderne versus Vormoderne, Gegenwart versus Vergangenheit). Die rein geistesgeschichtlich ausgerichteten Säkularisierungstheorien waren bereits vor

---

[142] Ein sogenannter Paradigmenwechsel hat in der komparativen Zeitgeschichtsschreibung stattgefunden, aber bislang kaum Eingang in Politikfeuilleton und zeithistorische Publizistik gefunden; vgl. Sonja Levsen/Cornelius Torp (Hrsg.): *Wo liegt die Bundesrepublik*, Göttingen 2016, S. 14f., S. 303.

Jahrzehnten auf Widerspruch gestoßen.[143] Dennoch kursieren ihre semantischen Versatzstücke immer noch. Vielleicht zeigt sich darin eine bleibende Stärke solcher Theorien. Sie vermochten verschiedene Sprachebenen – theologische, philosophische, einzelwissenschaftliche, lebensweltliche – zu verbinden, oft in markanten Schlagwörtern. Das könnte erklären, warum sie in der politischen und medialen Alltagssprache auch nach Zerfall ihrer philosophischen Begründung noch ein kräftiges Nachleben entfalten.

Methodische Probleme der Dämonenkunde

Ein vermeintlich oder tatsächlich durch die Moderne entfremdeter, originär theologoumener Begriff wie eben jener des Bösen begegnet heute kaum unter diesem Namen. Seine Macht bekundet sich vielmehr in der Scheu, von ihm zu sprechen. Ja, gerade die – oft vermiedene oder vereitelte – Diskussion, ob man überhaupt von ihm, mit ihm oder doch lieber nur über es sprechen sollte, deutet auf seine Realpräsenz und damit auf ein dämonologisches Szenario. Man denke an die Unsicherheit um den Begriff »populistisch«. Sie hat gezeigt, dass vielen Analytikern und Aktivisten das F.-Wort seit längerem auf der Zunge lag und dass doch dieser Goldstandard des Bösen durch begriffliche Anerkennung aus einem analytischen vielleicht zu einem poli-

[143] Als Musterkonflikt kann der Einspruch gelten, den Hans Blumenberg (*Die Legitimität der Neuzeit*, Frankfurt/M. 1966) gegen Karl Löwith (*Weltgeschichte und Heilsgeschehen*, Stuttgart 1953) erhob. Blumenberg bestritt die Ursprünglichkeit einer theologoumenen Sinnsubstanz, die durch die philosophische Neuzeit veruntreut oder verfälscht worden sei.

tischen Agens aufzusteigen drohte. Gewinnt der Faschismus an Macht, wenn man auf ihn zeigt, wo er sich zeigt? Wenn man auf ihn zeigt, wo er sich noch nicht zeigt? Wenn man überall dorthin zeigt, wo er sich zeigen könnte? Treibt des F.-Worts Allgegenwart das Böse in eine Camouflage, unter der es vollends unfassbar und gerade so allmächtig wird? Steht das Böse vor den Toren, ist es schon unter uns, herrscht es, ohne sich zu zeigen? Seine Gegenwart und seine substanzielle Macht scheinen greifbarer als sein Ort. Bedarf es also einer Topologie des Bösen?

Auch nach aller Säkularisierungstheorie wie der Kritik an ihr behält das Böse zumindest seinen Platz in politischen Konfliktdeutungen. In der Ideengeschichte der Bundesrepublik waren die Namen des Bösen durch die Plätze bestimmt, die ihm ein kulturell jeweils dominierender Antikommunismus, Antitotalitarismus und Antifaschismus zuwiesen. Die Techniken der Platzanweisung sind beständiger, mithin leichter analysierbar als dasjenige, *was* dadurch platziert wird. Nachfolgend soll daher nicht geforscht werden, was oder gar wer das Böse an sich sei. Stattdessen sei nach den Orten seines Erscheinens gefragt.

Erstes Modell: Konflikt

Ein ontologisch-moralischer Dualismus ist noch heute die populärste Form, dem Bösen seinen Platz zuzuweisen. Das Böse ist hierbei schlicht der Widersacher, ist Gestalt *und* Prinzip. Es agiert eigenständig, aber stets bezogen auf ein

Gutes. In dieses sucht es einzubrechen, ob durch frontales Anrennen oder tückisches Wühlen. Das Schema hat den Kalten Krieg zwischen Kommunismus und Antikommunismus überdauert. Schon damals wurde das Denken »Für oder wider uns« gern der jeweiligen Gegenseite zugeschrieben, als deren originäre Konfliktbedürftigkeit. Mitunter beklagte man – religionshistorisch nicht ganz korrekt – politischen und ideologischen »Manichäismus«, ein schroff gnostisches Gegenüber von Licht und Dunkel. Richtiger wäre dies Zwei-Prinzipien-Denken als Marcionismus benannt.[144] Typisch ist der spiegelbildliche Aufriss, worin sich die zwei Konfliktmächte begegnen. In der Begegnungszone selbst, die nichts als Kampf sein kann, herrschen Gesetze, die diese Mächte nicht gemacht haben. Ihre Vertreter sprechen daher von »Realpolitik«, »Logik der Stärke«, die eine Ethik des »harten Durchgreifens«, »der angemessenen Reaktion« usw. begründen.

Für Denker, die in Konfliktkategorien nur eine historisch begrenzte Gestalt von politischem Bewusstsein sehen wollen, bildet dieser Aufriss übergreifende Zusammenhänge ab, jedoch systematisch verzerrt: Das dualistische, insbesondere das moraldualistische Schema sei philosophisch interpre-

---

[144] Vgl. Hans Jonas: *Gnosis und spätantiker Geist. Erster Teil: Die mythologische Gnosis. Mit einer Einleitung zur Geschichte und Methodologie der Forschung*, Göttingen 1988, S. 292: Licht und Finsternis bei Mani »stehen sich in völliger Unabhängigkeit und Getrenntheit gegenüber und das Licht, weit entfernt, sich durch die Existenz der Finsternis gestört zu fühlen, will nichts als die Geschiedenheit und hat keinerlei – gütiges oder ehrgeiziges – Bestreben, auch das Untere zu erleuchten. Denn die Finsternis ist eben, wie sie sein soll: finster, und erfüllt sich selbst überlassen ihre Natur wie das Licht die seine.«

tationsbedürftig. Philosophisches Denken bedeutet hier einen Blick von oben herab, ein Denken, dem die religiös-moralische Semantik nicht als Höchst- oder Letztgestalt des Geistes gilt. Desto deutlicher enthüllt sich solchem Niederblick die formale Struktur des Konflikts als auch des Konfliktdenkens. Exemplarisch dafür wäre etwa die Äquivalenz von Gut und Böse im persischen Zarathustraglauben, wie sie Hegel systematisch als moralische Erstgestalt einer – europäisch zentrierten – Weltgeschichte des Geistes verortete. An sie erinnern bis heute die wechselseitigen Satan/Evil-Attributionen zwischen dem Iran und den USA. Deren Verteufelungsrhetoriken wiederum ähnelt die Abendlandsideologie aus der schroff antisowjetischen Frühzeit Westdeutschlands.

Die besondere Beziehung der BRD zu den USA als Denk- und Politikraum sollte sich nachhaltig in der Totalitarismustheorie manifestieren. Für sie ist charakteristisch, dass ein etwaiger Gestaltwechsel des Bösen selten durch höherstufige Vermittlungen aufgehoben, sondern eher mittels politologischer, soziologischer, fast immer aber psychologisierender *Reduktion* (heute zum Beispiel: »antielitäre Wut«, »antidemokratische Stimmungen«) interpretiert wird. Daher die Attraktivität einer politischen Entlarvungsrhetorik, der bislang sämtliche Milieus der (Alt)Bundesrepublik gehuldigt haben. Die Mitte im Blick der Rechten: eine verlarvte Linke. Die Mitte im Blick der Linken: eine verlarvte Rechte. Die Ränder im Blick der Mitte: zwei verlarvte Würger, zu taktischem Bündnis bereit, um dieser Mitte die politische Lebensluft abzudrücken. Das Böse konzentriert sich im – selbstredend feindseligen – *Affekt* des Gegenübers; das polemische Szenario überdauert daher seine ideologischen Sinn-Besetzungen. Auf die Strukturbeständigkeit des politisch Bösen kann man vertrauen!

Der dämonologische Entlarvungsimpuls manifestiert sich in einer unverkennbaren Sprache. Sie ist metaphernfreudig, oft virologisch: Das Böse in Affektgestalt sei etwas, das intrigiert, insinuiert, infiltriert, infiziert, das in all dem jedoch prinzipiengeleitet, somit geistig souverän verfährt. Ja, mitunter zielen die Entlarver des Bösen ausdrücklich auf dessen emotionale Kälte, mit der es Affekte manipuliert oder gar erst generiert (»Demagogie«, Verführungsmotiv). In den einschlägigen Entlarvungszusammenhängen entsteht daher leicht der Anschein, dass etwa Hass, Wut und überhaupt aggressive Regungen durch ihre Richtungsblindheit sich moralischer Wertung entzögen. Der Hass, der vom Bösen erst zu lenken ist, erhält angesichts seiner affektiven Realität ebenso wie angesichts seiner kalten Rationalität fast den Rang eines ontologischen Prinzips.

An diesem Punkt wäre die Entlarvungshermeneutik selbst auf ihre metaphysischen Voraussetzungen zu befragen. Das würde folgende Schichtung zeigen: 1. Zwei moralisch widerstreitende Prinzipien, die sich 2. in ihrem Widerstreit durch charakteristische Gefühlsausdrücke (zum Beispiel »freundliches Gesicht« gegen »Hass im Herzen«) artikulieren und dabei 3. eine vertraute politische Begriffssprache (zum Beispiel Menschheitsethos gegen Nationalinteresse) beanspruchen.

Auf den ersten Blick könnte die Entlarvungspsychologie als politontologisch schwächere Version des Konfliktmodells erscheinen. Politologisch angeleitete Entlarvungskunst trennt die moralische Idee vom seelischen Impuls, den sie in seiner schäbigen Blöße enthüllen und so entmachten will. Die Abtrennung der affektiven Energie von den vermeintlichen Camouflage-Gestalten des jeweiligen Bösen, das heißt von ihren Kampf- und Wertwörtern (als Parcours durchs politische Spektrum von rechts nach links: »Nation«, »Demokratie«, »Gerechtigkeit«), moralisiert das Affektive selbst. Dämonenontologisch zurückhaltend ist das nicht. Doch bleiben solche Affekt-Attributionen lagerübergreifend beliebt. Daran lässt sich erkennen, wie psychologische, zuweilen gar physiologische Zuschreibung (»hormongesteuert«, »toxisch maskulin« usw.) politische Wertentscheidungen desavouieren soll.

Die Argumente und Strategien gegen bipolares Denken sind bekannt. Im Betroffenheits- und Keine-Gewalt!-Diskurs, zeitweilig verbaler Begleiter realer Entspannungspolitik, gilt das Denken in unversöhnlichen Gegensätzen als mitschuldig an Zerspaltung und Zerstörung sozialen Seins. Bereits die Rede vom Bösen entstamme dessen Reich selbst, das Starren auf vermeintliche Spaltung entlarve daher den Spalter. Psychologisch, aber auch theologisch geschulte Entlarver argumentieren mit der Metapher einer *Projektion*: das feindliche Andere zeige das Eigene in einem Spiegel, in den der Freund-Feind-Denker nicht schauen will. Das Böse folgt dem Guten hiernach wie ein Schatten, der dessen Souveränitätsgesten imitiert. Der Kalte Krieg hatte das realhistorisch durch die Figur des Dissidenten illustriert: Der Dissident bleibt abhängig von der Orthodoxie, die er bekämpft, er verharrt in einer seelischen Substanzleere, einer Verfestigung von Widerspruch und Abwehr zum Daseinsgrund. Der zum Antikommunisten gewordene Kommunist, später: der zum Transatlantiker gewordene Linksradikale sind diesbezüglich die autochthonen, augen- und noch mehr ohrenfälligen Geschöpfe der bundesdeutschen Politikfauna.

Gegen ihre moralisch lautstarke Selbstgewissheit wende(te)n sich Selbstkritik- und Selbstbefragungsrhetoriken, meist versöhnungstheologischen Typs: Wer ohne Vergangenheit ist, werfe den ersten Stein! Im politideologischen Raum gab und gibt es aber auch Versuche, die polare Konflikt-Symmetrie durch asymmetrische Modelle aufzulösen. So heißt es beispielsweise, das Böse suche sein Reich durch semantische Verdrehungen zu gewinnen, beweise dadurch jedoch nur, dass es ihm in Sein wie Denken an Autonomie fehle. Diese Privationstheorie des Bösen, aus der theologischen Tradition vertraut, begegnet heute in vielerlei Gestalt: Das Heidnische, Neuheidnische, Neufaschistische nähre sich vom Kadaver abendländischer Kirchenfrömmigkeit; das links oder rechts Randständige bedürfe der liberalen Mitte; das Aggressive zehre vom Friedlich-Arglosen, darin aber sozial und vielleicht auch vital Überlegenen. Das Böse erlangt nach all diesen Interpretationen seine Macht einzig dadurch, dass man an ihre Souveränität glaubt, weil man sie nicht als ontologisches Blendwerk, eben als Projektion durchschaut. Die Schwäche derartiger

Versuche, moralische und politische Gut-Böse-Konfliktschemata nicht in höherstufiger Vermittlung, sondern durch eine Verortung des Konfliktprinzips und damit Konfliktgrundes auf einer Konfliktseite aufzulösen, ist offenkundig: Die polemische Rede von der Genese des Bösen durch seine Projektion wäre solcherart endlos fortsetzbar, der Ort des Bösen politisch-semantisch beliebig besetzbar. Dennoch ist der Infiltrations- und Vergiftungsgedanke innerhalb eines Bipolarismus die wohl höchstmögliche Komplexitätsstufe.

Zweites Modell: System

Zuweilen können sich Freund und Feind auf die Triftigkeit des bipolaren Schemas wenigstens formal einigen: Das Erscheinen des Bösen unterliege einer Logik der Repräsentation. So hört man oft, dass es in der Bevölkerung einen konstanten Prozentsatz bestimmter politischer Einstellungen gebe. Folglich sei etwa die parlamentarische Abbildung dieser Einstellungen eine Rückkehr zur politischen Normalität. Moralmetaphysisch formuliert: Das Böse war als affektive Substanz stets vorhanden, konnte sein Wesen aber nicht vollständig zur Erscheinung bringen. Gerade in seiner institutionellen, zum Beispiel parteiförmigen, parlamentarischen oder anderweitig gezähmten Gestalt, dem Tribut des Affektiven an das Argumentative, zeige es sich ganz als das, was es ist. Zwar mag das die eine Seite mit Hohn- oder Triumphtönen, die andere mit Warn- oder Klagelauten begleiten. Lautlos hingegen scheint sich das Böse aus einem affektiv-amorphen in ein strukturelles Phänomen verwandeln zu können.

In diesem nicht mehr politideologisch, sozialmoralisch oder anderweitig semantisch, sondern strukturell orientierten Blick auf die Konflikttotalität zeichnet sich eine Relativierbarkeit der Freund-Feind-Semantik ab. Diese Relativierung wird von einer Möglichkeit zu einer mindestens philosophischen Wirklichkeit, wenn die strukturanalytische Instanz sich nicht mit wertfreier Reportage begnügt, sondern sich selbstbewusst benennt und damit ins dämonologische Szenario einführt. Hegels historische Systematik hat hier philosophisch stilprägend gewirkt. Der Blick auf die Konfliktparteien verhilft zu quasi-göttlicher Höhe, das Sehen verbürgt ein privilegiertes Sein, das eine philosophische oder auch politologische Wahrheit hütet. Das Böse erscheint nun als Teil einer verborgenen Ökonomie, die politischen Extreme beispielsweise als Korrektive stagnierender Mitte, die einander bekämpfenden Demokratiefeinde als virale Ertüchtigungsschübe fürs demokratische Immunsystem. Ideologischer Fanatismus wäre mithin der Katalysator einer Entwicklung zu skeptischer Mündigkeit.

Solche mehr oder minder teleologisch-funktionalen Sichtweisen haben sich seit der philosophischen Neuzeit aus der Theodizee-Problematik entwickelt. Sie sollten, ähnlich wie letztere, meist einem Häresie-Vorwurf vorbeugen, dem sie dennoch nicht entgehen konnten. Die Alternativen eines entweder allmächtigen, dann aber nicht guten, oder guten, dann aber nicht allmächtigen Schöpfers haben die Fortdenker der Theodizee aus der kategorialen Differenz Macht/Güte in die Differenz Teil/Ganzes überführt. Derartige Spekulationen waren furchtlosen, ja frivol anmutenden Denkern vorbehalten, die politische Parteinahme, praktische Sittlichkeit, religiöse Sinngebung und ähnliches als partikulare Momente in moralisch höherstufigen Totalitäten aufzulösen suchten. Auch die Sprache der Moral galt dadurch als frei verfügbar. Der Systemdenker kennt keine Parteien mehr, sondern nur noch Kräfte, der Teufel wird zum Antagonisten, das Böse heißt Negatives. Systemdenken zielt nicht mehr aufs Gute oder Wahre in einzelnen Bewusstseinsformen, sondern aufs Ganze des Seins, der Natur, der Geschichte. Agieren Systemdenker ihrerseits macht- oder parteinah, so heißen sie Satan willkommen als nützlichen Idioten. In seinen Taten erblicken sie das Wirken einer unsichtbaren Hand oder Kollateralschäden eines sich entwickelnden Absoluten.

Totalitarismustheoretiker sowie -kritiker formulierten diese Problematik philosophisch bescheidener und moralisch entschiedener. Sie lehnten nicht den Gedanken einer politisch-sozialen Totalität, sondern den Anspruch auf ihre Machbarkeit, mithin auch auf Repräsentationstauglichkeit des Ganzen im Teil ab. Kein sozialer Akteur könne im Namen des sozialen Ganzen sprechen, keine Partei, Klasse, Rasse hüte deren Wahrheit, die immer nur wird, niemals ist![145] Das

[145] Karl Raimund Popper polemisierte seit *The Poverty of Historicism* (1944) gleichermaßen gegen den Holismus von Klassenkampf und Rassenwahn, was ihn bald zum Klassiker der Totalitarismusthese werden ließ.

Böse könne keinem Guten, könne überhaupt niemals dienstbar gemacht werden, auch wenn die Welt ein sich mühselig erhaltendes Ganzes aus schlechter oder sündiger Interaktion sein sollte (Karl Raimund Popper huldigte philosophisch Kant *und* Schopenhauer!). Die schöpfungs-, geschichts-, emanzipationsteleologischen Spekulationen eines Leibniz, Hegel, Marx – auch, abzüglich des Systemanspruchs, eines Nietzsche – mussten die Sache verwegener, daher oft einsamer Geister bleiben. Jede politisch-ideologische Nutzung ihrer Systeme war durch deren Rückversetzung auf untere, weil historisch-kontingente Deutungsebenen erkauft.[146]

In den Konvergenztheorien des Kalten Krieges wie der Entspannungsära hätte kaum jemand den Goetheschen Mephisto wiedergefunden, der einen antriebsschwachen Faust der Industriegesellschaft maßvoll plagen darf, bis deren tödlicher Systemgegensatz geschwunden sei. Dennoch bewiesen solche Theorien das seinerzeit höchstmögliche Maß an distanzierendem, auch ironischem Umgang mit dem – meist kommunistischen – Bösen. Dieses war in Kaltem Krieg wie Nachkrieg eine real und ideell respektierte Größe. In der politikrhetorisch stark amerikanisierten Bundesrepublik behauptete daher ein Denken wie dasjenige Niklas Luhmanns Ausnahmestatus, zumindest in den Jahren der Blockkonfrontation. Luhmanns Systemtheorie hatte den

[146] Wie das am Beispiel der liberalen oder konservativen Vereinseitigung des Hegelschen Wirklichkeitsbegriffs der Vernunft bereits Marx und Engels deutlich benannten; vgl. letzteren in: *Ludwig Feuerbach und der Ausgang der klassischen deutschen Philosophie*, in: Marx/Engels: *Werke*, Berlin 1975, Bd. 21, S. 266.

teleologischen Vorgriff auf ein geschichtlich produziertes (Hegel) oder gar zu produzierendes Sinnganzes (Marx) aufgegeben: Das Böse als Zeichenelement eines bestimmten Subsystems, nämlich des moralsprachlichen, repräsentiere nichts als dessen immanente Funktionscodes. Die ontotheologisch überlieferte Problematik des Bösen beschränke sich somit auf die Binnenlogik des moralischen Subsystems. Dessen in Paradoxie oder Hypokrisie scheiternder Versuch, sich selbst absolut zu setzen, führe also nicht heils- oder fortschrittsgeschichtlich zu höherstufigen Totalitäten. Doch auch die alteuropäisch ererbte Logik der Repräsentation, wonach ein privilegierter Teil des Seins dieses in idealer Ganzheit repräsentiere, ist durch Luhmann verabschiedet.

Luhmanns Denken war oft eher ein Adressat pathetischer und vor allem antipathetischer Bekenntnisse denn tatsächlicher Inspirator politischer (Um)Orientierung. Es war hierfür schlichtweg zu gelehrt. Populärere Versionen der Theodizee, versuche etwa, das Böse zum Helfershelfer des wirtschaftlichen Fortschritts oder der politischen Stabilität herabzustufen, folgen meist einer moderat spekulativen Dialektik von Teil und Ganzem. Ihre Möglichkeiten sind seit je parteiideologisch beschränkt. In den Achtzigern wurden grüne Modernisierer seitens radikalökologischer Theoretiker – wie zuvor schon Westeuropas Sozialdemokraten seitens orthodoxer Marxisten – als »dienstbare Geister« geschmäht, die das Industriesystem vor ökologischer Implosion bewahren wollten. Man denke an die heftige Polemik von Rudolf Bahro (»Logik der

Rettung«, 1987). Heute ist es die kulturalistisch, namentlich identitätspolitisch argumentierende Linke, die einer intellektuellen Rechten nicht allein als politischer Gegner, sondern auch als ideologische Marionette des globalisierten Kapitalismus erscheint; ein Fäustchen gleichsam, das arglos die Geschäfte längst mephistophelisch dirigierter Weltgeschichte besorgt. Und nicht auszuschließen ist, dass die populistischen Unruhen in Mittel- und Westeuropa dereinst als Todeskämpfe dortiger Sozialstaatlichkeit erscheinen werden.

Drittes Modell: Negative Theologie

Bei dieser Version politischer Dämonologie, der argumentativ wohl schwierigsten, sind Seins- und Bewusstseinsstrukturen miteinander verschränkt. Wesen und Existenz des Bösen schließen jetzt auch seine Erscheinungsweise ein, die von der des Guten radikal geschieden ist. Das Böse ist hier, wenn es als politische Partei auftritt, nicht eine Partei unter anderen, sondern das *ganz Andere*: des Parteiensystems, aber auch der Systeme von Moralität, Sittlichkeit, Rationalität, von »Ordnung« überhaupt. Es ist etwas Amorphes und Allgegenwärtiges, zumindest überall zu Gewärtigendes, das als affektives, meist: thymotisches Gewoge die Ordnungs- und Vernunftzone umspült. In gewissem Maße entzieht es sich der Begreifbarkeit, ja der Benennbarkeit. Dieses Böse als ganz Anderes des Guten erlaubt nur die Abgrenzung auf nicht-begrifflichem Wege, etwa durch Empörung, Zurückweisung, auch systematisches

Unverständnis. Der Affekt gegen die Affektbewegten ist raunend und anspielungsreich, denn der Teufel erscheint, wenn man seinen Namen ausspricht.[147] Mit Begreifen und Verstehen droht ein satanisches Einsickern in die Trockenzonen der Ordnung; vielleicht erläge man der Versuchung einer Integration.

Die Genese dieser Dämonologie weist auf das zweipolig-symmetrische Konfliktmodell (1) zurück, das nach jahrzehntelanger Dominanz in den Nachkriegsgesellschaften offensichtlich als zu primitiv, vielleicht auch als zu naiv und selbstgerecht erschien. Die negative Theologie des Bösen verabschiedet jenes Freund-Feind-Denken nun aber nicht zugunsten dialektischer, teleologisch-funktionaler oder ähnlich gearteter Synthesen (2). Sie überschreitet die Gut-Böse-Differenz überhaupt nicht zugunsten einer Differenz von Ganzem und Teilen, beansprucht keine quasi-göttliche Superposition gegenüber dem Kampfgewühl der Engel. Der Teufel ist keine Übles wollende und Gutes befördernde Figur, deren verwirrtes Selbstverständnis amüsiert, sondern schlicht das Nicht-sein-Sollende. Bestenfalls eine »Ästhetik des Bösen« (Karl Heinz Bohrer) mag seiner permanenten Unberechenbarkeit etwas abgewinnen. Die negative Theologie artikuliert sich unmittelbar als moralische Phänomenologie. Verbale Beschwörung des Bösen geht nicht seiner realen Bezwingung voraus,

---

[147] »Deswegen ist es auch müßig, nein, sogar falsch, Gründe für den Hass zu suchen und ihm damit eine Legitimität zu geben, die er niemals besessen hat und niemals besitzen wird«, finden Liane Bednarz und Christoph Giesa: *Gefährliche Bürger. Die Neue Rechte greift nach der Mitte*, München 2015, S. 215.

wie etwa in der Droh- und Eskalationssprache des Kalten Krieges, sondern ist mit ihr gleichbedeutend. Erkenntnis wird zum Exorzismus. Es geht nicht mehr schlicht darum, das Böse zu bekämpfen oder zu analysieren (und so vielleicht zu domestizieren), sondern es überhaupt – auf eine moralisch-kognitiv anspruchsvolle Weise – zu sehen. Erkenntnis des Bösen bedeutet Kenntlichmachung des Bösen, worin der wachsame Blick und das bannende Wort eines sind.

Philosophiehistorisch ist die Situation vertraut: Man schreitet vom aufklärerischen Licht-Dunkel-Schema der Moral und Vernunft nicht zur Hegelschen Synthese weiter, die das Tugendidiom historisch relativiert und philosophisch integriert, sondern wendet sich irgendeiner Form von Romantik zu. Enttäuschung an Realutopien und Misstrauen gegenüber dialektischen Synthesen, gedeutet als Nachfahren der Theodizee, mögen die psychologischen Gründe hierfür gewesen sein. Sprachskepsis kommt meist hinzu; eine Bewusstseinslage, die sich zuletzt mit der *crossover*- und fragmentverliebten Postmoderne in Abgrenzung gegen eine angeblich deutungs-, erklärungs- oder erzählwütige Moderne wiederholt hat. Ein »schwaches Denken« (Gianni Vattimo) – »unserer postmodernen Moderne« (Wolfgang Welsch) angemessen! – hatte die Feindbild- und Blocksymmetrien des Kalten Krieges überwinden sollen, ohne einer spießig scheinenden Schlussharmonie (»Ende der Geschichte«, *posthistoire*) anheimzufallen. Das bedeutete umgekehrt eine Kontamination und Konfusion jener kategorialen Differenzierungen, die – jedenfalls für die ältere Linke –

zum Besten im Schlechten der bürgerlichen Moderne gehörten: Formalismus des Rechts, Postulat wissenschaftlicher Wertfreiheit, philosophisch ein Trend zu transzendentaler Bedingungsreflexion und zur Metaethik.[148] Nach den großen Erzählungen sieht man darin nur mehr dürftige Sonderwelten und anstößige Spezialdiskurse. In der politischen Dämonologie triumphieren deshalb diskursive Mischformen, die von militant libertärer wie von kulturkonservativer Seite frühzeitig etwa als Gesinnungskunst, Empörungssprache, Gefühls- oder Wohlfühlpolitik benannt und bekämpft wurden.

Das feindliche Komplementärstück dieser Bewusstseinsformen ist das selbstbewusst, sprich: zynisch auftretende Böse, das wohlkalkuliert seine Naivität, Brutalität, zumindest Unbefangenheit vorführt. Manchmal nennt es sich sogar selbst bei seinem moralischen Namen. Es setzt provozierende Fühllosigkeit einer Kränkbarkeits- und Empfindsamkeitspflege entgegen, wie sie bei moralsprachlicher Überdetermination des Politischen, bei einer Kategorienkonfusion rational/ethisch/ästhetisch/politisch unvermeidlich ist. Es zielt überhaupt auf den reflexiv gemachten Charakter des Guten, auf die Seinsarmut postmoderner Bewusstseins-, das heißt Sprachpolitik. Gegner der Postmoderne wie Slavoj Žižek und ihm nahestehende Theoretiker haben das anhand der Hilflosigkeit aller *Political*

---

[148] Karl Marx und viele Denker, die von ihm ausgingen, haben die Autonomie sozialer Geltungssphären als Emanzipationsschritt gewürdigt, auch wenn diese Autonomie vor dem Prospekt endgeschichtlicher Synthesis zugleich als Atomisierung, Zersplitterung usw. abgewertet werden sollte.

Correctness gegenüber dem Zynismus Donald Trumps beschrieben.[149] Zwar agiert in sogenannt populistischen Bewegungen das politisch Böse auch seinerseits in Mischformen, etwa »linker« Ideen und »rechter« Impulse. Doch bleibt sein Performanz-Typ genuin »rechts«, denn seit je hat sich der Zynismus, der ein Sein zum Sollen erhebt, innerhalb der »bürgerlichen Denk- und Lebensform« (Panajotis Kondylis) selbstbewusst der Heuchelei entgegengesetzt, die ein Sollen als Sein handelt. Eine Entgegensetzung, die der gleichfalls ewigen Zerrissenheit der bürgerlichen Mittelklasse zwischen partikularem Interesse und universeller Moral (»Ideen«, »Werte«) korreliert, zwischen konservierender Ängstlichkeit und progressivem Überschwang, philosophisch: zwischen Naturalismus und Kulturalismus.

Kulturalismus als Dominanzgestalt heutigen westlichen Linksseins bedeutet dämonologisch, das Böse als das ganz Andere dessen zu denken, was sein soll, hauptsächlich also dessen, was sagbar ist. Ironischerweise gerät so die Partei des Bösen – eben jene Partei, die nicht eine unter anderen ist, sondern der man zutraut, das Parteiensystem, ja vielleicht das Politik- und Wertesystem überhaupt auszuhebeln – zum allerrealsten Sein. Mit ihrer reinen Negativität, die von einer ihrerseits nur negativ definierbaren *Mitte der Gesellschaft* als Gegensatz zu substanzieller (verantwortlicher, vernunftbegründeter) Politik gesehen wird, scheint sie die

---

[149] Vgl. Slavoj Žižek: *»Wo aber Gefahr ist, wächst das Rettende auch. Donald Trumps Wahlsieg trägt eine große Gefahr mit sich. Aber die Linke lässt sich nur durch eine solche drohende Katastrophe mobilisieren«*, in: *Zeit online* vom 23. November 2016.

dichteste (anti)moralische Substanz. In einer Welt der »Projektionen«, der »Konstruktionen« etwa von Fremdheit, von Anderssein, ist die Partei des Bösen somit das substanziell Andere, die einzige Art von Fremdheit, die weder »konstruiert« noch »dekonstruierbar« scheint. Der wutbürgerliche Falschwähler, erst recht der Funktionär der gewählten Falschpartei wirkt fremder als der Immigrant »vormoderner«, gar stammesgesellschaftlicher Herkunft. Da er das, was ihn substanziell ausmacht, nicht unter Kontrolle hat – im Unterschied vielleicht zu seinen tückisch-harmlosen Verlarvungsformen! –, hat er sich wohl nicht selbst gemacht. Wie bei Luzifer, dem Lichtdieb am Göttlichen, partizipiert sein Böses von Anbeginn am Sein des Guten. Auf teuflische Weise ist es erhaben über alle Konstruktion und Dekonstruktion.

Eine ironische Situation im höchsten, weil objektiven, nicht mehr auktorial und taktisch handhabbaren Sinne von Ironie! Denn dieses ganz Andere im politisch Bösen ähnelt verdächtig jenem ganz Anderen, dem ein zivilreligiös bewegtes Bewusstsein jahrzehntelang nachstellte. Ist das politisch Böse in seiner primitivbürgerlichen, unzivilisierten, womöglich unzivilisierbaren Gestalt nicht genau jenes einst inbrünstig beschworene Nicht-Identische, Heterogene, Fremde, auf das man »sich einlassen«, dem man »sich öffnen« sollte? Dem ein zivilreligiöses »Fürchtet euch nicht!« galt? Das radikal Böse als das ganz Andere der Zivilgesellschaft, deren sichtbare Ordnung es vielleicht schon unterspülte, deren Boden es dann aber schier grundlos durchstößt in einer Fontäne bösen Blutes – gleicht es nicht verblüffend dem Tremendum von Achtsamkeitsseminaren und Mahnkunstschaffen, in evangelischen Akademien angerufen und in Projektwochen beschworen, unverrückbares Sacrum, in tausend freien Tänzen ausdrucksstark umtanzt? Wäre also der Wutbürger in seiner substanziellen Andersartigkeit nicht eben jener radikal Fremde, der die blassblütige Normalgesellschaft zu »echtem Leben«[150] erwecken kann? Der den autochthonen Eros von seinen »altdeutschen Ängsten« befreien soll zu »verschwenderischer Lust«?[151]

Im Kreisgang

Man kann letztzitierten Dämonenbeschwörern wohl keine Reflexion ihrer unfreiwillig ironischen Denk- und Sprechweisen abverlangen. Offenkundig besteht eine Verbindung zwischen der Sprache kultureller Konstruktion, somit der Idee einer Machbarkeit des Guten und des Seins überhaupt, und dem Kultus ums irreduzibel Heterogene, ob von Naturbeschaffenheit oder Traditionsherkunft. Das lässt ihn dem

[150] »Denn das Großartige ist doch: Das Jahr 2015 wird in die Geschichte eingehen – als das Jahr, in dem sich ein kleines Fenster in unserer bewusstseinsverengten Lebensmatrix geöffnet hat. [...] Echtes Leben! Echte Sorgen! Echte Nöte! Echte Träume! Echte Hoffnungen! Schließt nicht das Fenster, es ist zu wahr!« wünscht sich der Philosophiepublizist Richard David Precht: *»Echte Träume, echte Not«*, in: *Zeit online* vom 14. Januar 2016.

[151] »Sollten wir nicht hoffen, dass die neuen Männer, seien es Syrer oder Araber [...], ihren Frauenkult mitbringen und altdeutsche Ängste beschämen, bezwingen?« fragt die Romanistikprofessorin Barbara Vinken: *»Die Anderen und wir. Andersheit erzeugt oft Angst. Gerade im Bewusstsein eigener Benachteiligungen und Schwächen. Wie kann aus Unsicherheit Stärke werden, wie aus Furcht Lust?«* in: *Philosophie Magazin* 2016/2, S. 56.

Radikalbösen aus politischer Romantik und negativer Theologie so irritierend ähneln. Wo alles machbar scheint, erweckt das nicht Machbare, auch: das falsch Gemachte, Verfehlte, ja Verbrochene, zwangsläufig frommen, zumindest andächtigen Schauder. Eine Endstufe der politischen Dämonologie dürfte damit noch nicht erreicht sein. Diese hat längst wieder die Sprache des »Für oder wider uns«, des Kalten Krieges und überhaupt eines symmetrischen Blockdenkens adoptiert. Die Nostalgien nach einer »guten alten Bundesrepublik«[152] beschwören auch deren sprachliche Herkunft aus Heiligen Kriegen gegen das Böse, heiße dieses nun Kommunismus, Totalitarismus oder Faschismus.

---

[152] Vgl. Wolfgang Herles: *Wir sind kein Volk*, München ^{3}2004, S. 187.

Mitgelaufen: Der Fall Ines Geipel

Zu den Topologien des Politikbösen, wie es stets pünktlich nach Zusammenbruch eines totalitären Regimes sichtbar wird, gehören Phänomenologien des Mitläufertums. Das reale Problem des Mitläufers war seit 1949 in beiden deutschen Staaten je auf paradigmatische und auch pragmatische Weise gelöst worden – in einem Dreieck von Reueritualen, Apologetik und stillschweigender Integration. Originell verfuhren Ost und West einzig in ihren ideologischen Überbauten.

Im liberalen Justemilieu des Westens dominierte lange eine Totalitarismustheorie, die fürs verhängnisvoll Extreme sensibilisieren sollte und deren positive Norm das Unangepasstsein war. Sie erlaubte es, den Mitläufer allein in der eigenen Elterngeneration oder allein in der 1990 angeschlossenen Bevölkerungsgruppe zu entdecken. Somit schien, was an »Protest« und »Revolte« gegen die eigenen Alten missglückt war, bei den fremden Neuen endlich nachholbar. Die Totalitarismusthesen von Karl Raimund Popper bis Hannah Arendt erlebten seit der deutschen Einheit ein Revival. Der Bundesrepublik vor 1990 hatten sie eine Typologie des Mitläufers bereitgestellt, worin dieser schlicht als politisch-moralischer Charakterlump figurierte. Nach und nach war dieses politisch-moralische Empörungsmotiv durch ästhetisch-psychologischen Ekel am Nicht-Individualisten, am Opportunisten bzw. Konformisten untertanendeutscher Tradition ergänzt worden. Nach 1990 reüssierten derlei Ekelbekundungen zu einem publizistischen Hauptgeschäft später Wertewestler, insbesondere der antideutschen Avantgarde meinungsstarker Westlichkeit.

Es liegt auf der Hand, warum die massive Beschimpfung von Beitrittsdeutschen als moralisch minderwertiger[153] Mitläufer gerade aus der Mitte jenes Mitläufertums ertönen musste, das sich selbst gesellschaftliche Mitte dünkt: Die »Zonis« wirkten in jeder Hinsicht dezentral. Sie waren unkonstruierte Realität, ungeahntes Ereignis, unerfindliche Fremdheit, drückende Ränder, die sich atembeklemmend um jene mühsam errungene, demokratisch-zivilisierte Mitte zu legen schienen.[154] Deren intellektuelle Bescheidenheit bei höchster publizistischer Bewegtheit wiederum erklärt sich aus der Bewusstseinskondition jeder liberalen Mitte: Sie kann ihre Selbstbilder einzig aus dem fertigen, was sie nicht – nicht mehr und nie wieder! – sein will. Zugehörigkeit zur Mitte ist somit jedermann versprochen, der ihre Verneinungen nachspricht. Sie lockt mit der Machbarkeit von Heimat, mit Heimatbildung dank Entheimatung.

---

[153] Wolfgang Pohrt – »wohl der treffsicherste Autor deutscher Sprache« (*Tagesspiegel* vom 13. Februar 2012) – konstatierte bei Noch-nicht-Westdeutschen materielles Abgreifertum seit 1990 und moralisches Mitläufertum vor 1989. Hatten es »die Ostdeutschen im Herbst 1989« doch versäumt, jenseits von Berlin-Kreuzberg einen echten, diesmal menschlichen Sozialismus aufzubauen: Daher war es »eben kein Minderwertigkeitskomplex, worunter die Ostdeutschen litten, sondern wirkliche Minderwertigkeit, wie jeder Mensch sie sich selber vorwerfen muss, wenn er moralisch versagt hat«; vgl. ds.: *»Hass gegen den Rest der Welt«*, in: Bittermann (Hrsg.): *Unter Zonis*, S. 37.

[154] Zur Zoni-Terminologie und -Publizistik des deutschen Westens seit den 90er Jahren vgl. Vf.: *Die Sprache der Einheit.* S. 548.

Und doch gibt es auch in solcher Mitte die Leute mit älteren Rechten – gelernte Demokraten, geborene Westler, wie eine fraglos erfolgreiche Mitläuferin am Ende ihrer Laufbahn beklagen sollte. »Gibt es zwei Sorten von Bundesdeutschen und Europäern – das Original und die Angelernten, die ihre Zugehörigkeit jeden Tag aufs Neue beweisen müssen und mit einem Satz [...] durch die Prüfung fallen können?« In der Einheitsrede von 2021 nahm Angela Merkels Mitleid mit Angela Merkel ihren nahen Politikabschied vorweg. Gefühlsanwandlungen sind bei derlei Anlässen nicht unüblich, doch war die Resonanz diesmal überwältigend. Die scheidende Kanzlerin hatte für dasjenige, was einem westdeutschen CDU-Mitglied bloß biographischer »Ballast« aus »Kirche im Sozialismus« und Ost-CDU-Herkunft war, geschickt »die Ostdeutschen« insgesamt als Betroffene vereinnahmt.

Merkels so späte wie sentimentale Selbstethnisierung als Ostdeutsche blieb wohlfeiles Karriere-Nachwort. Interessanter sind Biografien schwankenden, stolpernden, ja strauchelnden Mitläufertums.

Vorspiel 2019: Falsche Heimat, Gnosis und Erlösung

Leipziger Buchmesse, in einer Lesungsecke: Der Journalist vom Kölner Kultursender, die Autorin aus Dresden, dazu ein kleines, zu Ehrfurcht und Beifall geneigtes Publikum. Man spricht Kulturfunkdeutsch, ein Mischidiom aus Kumpeltum und hohem Ton. »Ich erlebe das jetzt an der Rezeption, dass da 18-, 19-Jährige, die Jungen, kommen und sagen: in der Schule ist es nicht besprochen, zu Hause ist es nicht besprochen, es geht sogar bis in meine Hochschule, wo Studierende jetzt plötzlich sagen: Wow, jetzt verstehe ich das, was fürn merkwürdiges Sprachloch das ist, in dem wir die ganze Zeit uns bewegen und wir bekommen keine Zuordnung. Und ich glaube, da wäre viel mehr möglich. Eben auch an Narrativ. Das man anbietet, um ein Rutschen aufzufangen und eine Gesellschaft wieder zu stabilisieren. [...] Es geht doch auch um 'n Stück Identität!«[155]

Ines Geipel hat soeben ihr neuestes Werk vorgestellt. »Umkämpfte Zone« ist eine Familiengeschichte.[156] Sie beginnt mit Krankheit und Tod des bewunderten älteren Bruders, erzählt von Kindheit und Jugend in einer Dresdner SED-Funktionärsfamilie, vom geschwisterlichen Leiden unter dem gewalttätigen Vater, vom Fortgehen der Autorin in den Westen und vom Daheimbleiben des Bruders, vom Werden einer Romanschriftstellerin und Gesellschaftskritikerin. Diese hat irgendwann erfahren, dass ihre Großväter in der SS dienten und ihr Vater Stasi-Agent war. Das Buch endet mit dem Tod des Vaters, den der Bruder weder befragen noch verurteilen wollte, und mit Szenen aus dem politisch unruhigen Sachsen. Das Fazit der Autorin: Ostdeutschlands Ängste und Aggressionen resultierten aus verdrängter Totalitarismusverstrickung. Sichtbar würden

---

[155] *Deutschlandfunk, »Büchermarkt – Live von der Leipziger Buchmesse«*, 21. März 2019.

[156] Ines Geipel: *Umkämpfte Zone. Mein Bruder, der Osten und der Hass*, Stuttgart 2019.

nun Nachgeschichte und Seelenkrebs eines Landes, in dem stets geschwiegen wurde über moralische Schuld wie über erlittenen Schmerz und wo man deshalb bis heute falsch fühlt, denkt, wählt.

Die Autorin (geboren 1960) will das Schweigen brechen, stellvertretend für ihr Herkunftsland. Mit 17 Jahren hatte sie dort eine professionelle Sportkarriere begonnen, als 24-Jährige einen – international nicht anerkannten – Clubstaffel-Weltrekord errungen. Heute beschreibt Geipel ihre Entscheidung für die Laufdisziplin als biographischen Zufall, als Zu- und Mitgelaufensein: »Ich flog mit 14 zu Hause raus, kam in ein Russisch-Internat nach Thüringen. Dort rannte ich vor lauter Frust wie eine Verrückte über die Felder, startete irgendwann aus Langeweile bei Spartakiaden.«[157]

Auf Pressefotos jener Zeit posiert eine stolz lächelnde Siegerin. Verbarg sich in ihr eine politische Dissidentin? Jahre ihres DDR-Lebens hatte die ehrgeizige junge Frau in Eliteinternaten verbracht, fern dem Lebens- und Arbeitsalltag einer Diktatur. Geipel strebte Olympiateilnahme an, doch blieb ein Medaillenerfolg trotz hohen Anabolikakonsums aus. Mitte der 1980er Jahre wurde ihr daher eine weitere Sportlaufbahn, nicht aber der seltene Germanistik-Studienplatz verwehrt; ein Privileg systemkonformer DDR-Athleten. Kurz vor dem Mauerfall wechselte Geipel, noch SED-Mitglied, in den Westen. Sie ließ sich von der CDU-nahen

---

[157] Ines Geipel: *»›Mein DDR-Rekord war kriminell‹. Die Dresdnerin läuft Sturm gegen Bestmarken, die durch Doping zustande kamen [...]«*, Exklusiv-Interview in: *SUPERillu* vom 18. Mai 2017.

Adenauerstiftung fördern und wurde als Herausgeberin unterdrückter oder wenig beachteter DDR-Autoren bekannt.[158] Ihre eigenen Veröffentlichungen waren meist von den Konfliktlinien des Kalten Krieges bestimmt. Vor allem publizierte Geipel unermüdlich Gesellschaftsdiagnosen, etwa zu den Themen Leistungsdruck, Doping, Amok. Geipel interpretierte solche Phänomene primär aus DDR-generierten, gewaltstaatlichen Zwängen oder als deren seelische Folgen; das wichtigste Wort hierbei: Verdrängung. Traten dieselben Phänomene auch im Westen auf, revidierte Geipel die frühere Diagnose nicht etwa, sondern dehnte sie auf die gesamte Gesellschaft aus – gedeutet nun als Leistungsgesellschaft, Männerherrschaft, »Gewaltkultur«.[159]

»Gewalt« steht in Geipels Texten für Inneres, das nach außen will und doch nicht darf. Scham, Schuld, Schmerz bezeichnen individual- wie kollektivpsychische Malaisen, die durch ihre Unausgesprochenheit fortwirken. Wer hingegen seine Schwäche, seine Schuld oder seinen Schmerz bekennt, der befreit sich und andere davon. Mit ereignisnah publizierten Analysen, etwa zum Erfurter Schulmassaker von 2002, konnte sich Geipel dauerhaft

---

[158] Über die erste, von eigener Hand aus dem Leben geschiedene Frau Heiner Müllers schrieb Geipel ein feinfühliges Porträt: *Dann fiel auf einmal der Himmel um: Inge Müller. Die Biografie*, Berlin 2002.

[159] Zu Doping und Leistungsdruck: Ines Geipel: *Verlorene Spiele. Journal eines Doping-Prozesses*, Berlin 2001; ds.: *No Limit. Wie viel Doping verträgt die Gesellschaft*, Stuttgart 2008; ds.: *Seelenriss. Depression und Leistungsdruck*, Stuttgart 2010. Zu Gewalt und Amok: Ines Geipel: *Für heute reicht's. Amok in Erfurt*, Berlin 2004; ds.: *Der Amok-Komplex oder die Schule des Tötens*, Stuttgart 2012.

als Gesellschaftsdiagnostikerin und Talkshowgast etablieren. Besonders prominent wurde sie durch Ad-hoc-Deutungen von DDR- und Ostgeschichte, hierin vergleichbar Hubertus Knabe, Christian Pfeiffer und ähnlich unbefangenen Generalisten. Im medialen Langzeitgedächtnis ist Geipel als Stellvertreterin von DDR-Dopinggeschädigten gegenwärtig. Mehrere Gründungsmitglieder des Doping-Opfer-Hilfe-Vereins wollten die forcierte Täter-Opfer-Rhetorik Geipels nicht akzeptieren, vor allem nicht die Ausweitung des Opferbegriffs auf bekennende Doper.[160] Geipel musste sich vom Vorsitz des DOHV zurückziehen,[161] gab sich medial aber weiterhin als berufene Stellvertreterin der Geschädigten.

Ein Anspruch auf Stellvertreterschaft charakterisiert auch Geipels literarisches Schreiben. Probleme von Geschichte und Gesellschaft sieht Geipel in der eigenen Familie, sogar in der eigenen Biografie, ja im eigenen Körper konzentriert.[162] In »Umkämpfte Zone« tritt Geipel als Anwältin, Anklägerin, Richterin wie als potenzielle Therapeutin der Ostdeutschen auf. Ihr Angebot: Sobald der Osten sich zu seiner NS/DDR-Doppelschuldlast von »50 Jahren Diktatur-

---

[160] Diesen Versuch flankierten Medienkampagnen und schließlich Unterlassungsklagen Geipels gegen ihre Kritiker. Für letztere stand die Reputation des DOHV auf dem Spiel, zu dem Geipel erst 1999 gestoßen war. Die Gründe für den Streit finden sich ausführlich und internetöffentlich in *Blackbox Doping-»Opfer«-Hilfe*, hrsg. von Werner Franke, Claudia Lepping u. a., PDF, 2018.

[161] Vgl. die dpa-Meldung im *Tagesspiegel* vom 4. Dezember 2018: *»Ines Geipel tritt zurück: Aus ›Streitfeld‹ herausziehen«.*

[162] Aufsehen erregte ihr Wort, »die Teilung Deutschlands habe sich in ihrem Bauch abgespielt«; zit. bei Jens Weinreich: *»Der Fall Ines Geipel: Zwischen Dichtung und Wahrheit«*, in: *Berliner Zeitung* vom 6. März 2023.

geschichte« bekennen würde, winke ihm die ersehnte »öffentliche Anerkennung seiner langen Schmerzgeschichte«.[163] Durch eine Medienmehrheit wurde ihr Buch respektvoll, zum Teil fast andächtig behandelt, während auf Lesungen Geipels missionarischer Gestus zuweilen provoziert. Das erklärt sich aus ihrem Anspruch auf repräsentatives Sprechen. Die Autorin will die familiengeschichtlichen Traumata nicht als privates Unglück missverstanden sehen. Den Bruder und sich selbst sah Geipel früh schon leiden an herkunftstypischen Verhältnissen, »wegen der Zeit und wegen dem [sic!] Osten«.[164] Zum gewalttätigen Stasi-Vater: »Ich will, dass klar ist, dass es nichts Einzelnes ist. Der enthemmte Mann ist kein Einzelner. Er ist ein Stellvertreter, nicht mehr und nicht weniger.«[165] Locker fließt die Rede von Gewaltkultur, Gewaltlust des Ostens und Männergewalt als den Elementen nicht-westlicher Normalität.[166] Der prügelnde Vater und die schweigend daneben stehende Mutter bilden bei Geipel ein ikonisches Paar, dessen Schatten bis in die Gegenwart fällt.[167]

Das Wort *Hass* steht im Untertitel von »Umkämpfte Zone«. Spontan könnte man denken, damit wolle Geipel von sich

---

[163] Ines Geipel: *»Der Osten ist grad nervös«*, Gespräch mit Christina Bylow, in: *Berliner Zeitung* vom 13./14. April 2019.

[164] Geipel: *Umkämpfte Zone*, S. 115.

[165] Ebenda, S. 116.

[166] Ebenda, S. 188.

[167] Ihrer Mutter (Jg. 1934) wirft Geipel vor, sie habe nie die »Schuldfrage« ob des 1945 besiegten Systems gestellt und sei mit dieser »entlehnten Schuld« lebenslänglich im verschwiegen leidenden »Muttersystem« verfangen geblieben; vgl. ds.: *Umkämpfte Zone*, S. 188.

selbst, von ihrer Familie sprechen. In ihren halbdokumentarischen Büchern bekundet sie immer wieder Unzufriedenheit: mit ihren Eltern, Lehrern, Erziehern, Trainern aus dem Osten, mit den Frauen und Müttern des Landes, mit alten und neuen Kollegen aus dem Kulturbetrieb. Die Autorin meint mit *Hass* jedoch den straßenöffentlichen Protest gegen die damalige Migrationspolitik. Er ist für Geipel ein typisches Post-DDR-Phänomen. Ihr Buch ist thematisch wirr, der rote Faden jedoch erkennbar: Seit siebzig Jahren seien faschistische Energien in den Ostseelen verkapselt, die mit AfD und PEGIDA zum Ausbruch drängten, weil sie zuvor nicht therapiert, d. h. als solche benannt und dadurch entschärft wurden.

»Umkämpfte Zone« ist somit zugleich Erzählung, Essay, PR für die gute CDU-Sache im Wahljahr 2019 – und unverkennbar mit heißer Nadel gestrickt. Ein atemloser Erregungsstil aus Kurz- und Halbsätzen; gelegentlich Ausflüge ins Halblyrische (preziös die vielen Plurale: »Tektonikverschiebungen«, »Ausatmungen«, »Kontinuitäten«, »Transmissionen«, »Verantwortungslosigkeiten«). Dazu gelehrte Anreicherungen. Für schlichteste Thesen müssen Autoritäten bürgen, als Zehn-Seiten-Probe: »schrieb der Psychoanalytiker Hans-Joachim Maaz«, »schreibt der Historiker Ilko-Sascha Kowalczuk«, »schreibt der französische Rechtshistoriker Pierre Legendre«, »wie Erich Fromm betonte«, »wie Karl Mannheim bereits in den zwanziger Jahren formuliert hat«.[168] Notorische Themen der Publizistik Geipels – Depression, Leistungsdruck, Gewaltneigung, Schuldverdrängung, Diktatur-

---

[168] Geipel: *Umkämpfte Zone*, S. 169ff.

folgen – scheinen auch in »Umkämpfte Zone« unbegrenzt kombinierbar. Die Autorin schreibt sich das dunkle Privileg zu, per Familiengeschichte stärker als andere zum Leiden an diesen Gewaltenergien und dadurch früher zu historischer Erkenntnis gelangt zu sein. Eine Konversionserzählung; nur rhetorisch der Selbstzweifel: »Aber wo liegt der Schnittpunkt zwischen dem privaten Trauerarchiv und den öffentlichen Gedächtnisarchiven. Gibt es ihn? Ja. Braucht es ihn? Ja. Als Anker, als Fixum, als möglichen Umkehrpunkt«.[169]

Dieses Genre wird literaturwissenschaftlich heute meist als *personal essay* diskutiert. Es ist eine Hybridliteratur aus Reflexion und Erinnerung, aus Expertise und Weckruf. Im besten und seltensten Fall kann solches Schreiben einige Schneisen ins Realitätsdickicht schlagen. Im schlechtesten Fall wird Erlebtes bloßer Anlass für Meinungsäußerung, dient als Exempel für Allgemeines. Auch bei Geipel mischt sich Belehrungseifer mit grell ausgestellter Verletzlichkeit.[170] *Personal essays* begünstigen geschlossene Deutungswelten: Das subjektiv Erlebte beglaubigt die Erkenntnis kollektiver Strukturphänomene, deren historische Relevanz wiederum den bekenntnishaften Erzählton legitimiert.

Hinsichtlich der NS-Vergangenheit ist die intime Einbettung historisch-moralischer Jahrhundertfragen etabliert.

---

[169] Ebenda, S. 151.

[170] Geipel: *Seelenriss*, S. 100: »Die Textur der Realität ist etwas ungemein Verletzliches.«

Die japanisch-deutsche Schriftstellerin Yoko Tawada hatte bereits vor Jahren folgende zwei Bedingungen eines BRD-Literaturerfolgs genannt: Die Hauptfigur des Werks muss erstens einen Nazi als Verwandten haben, der aber zweitens die erzählte Geschichte nicht weiter beeinflusst.[171] Jedermann kennt die Kinder und Enkel von Nazigrößen, die »wir Deutschen« statt »meine Familie« sagen und die ein schwieriges Erbe am liebsten in Buch- oder Fernsehöffentlichkeit bewältigen. Geipel sieht in derlei Öffentlichkeitsarbeit mit »entlehnter Schuld« eine »seriöse Vergangenheitsbewältigung« und einen Vorzug des bundesdeutschen Westens. Was in ihrer eigenen Familie nie stattfand, soll nun »der Osten« insgesamt nachholen, denn dieser befinde sich »erinnerungspolitisch in den siebziger Jahren«.[172]

Die westdeutsche Aufarbeitung deutet Geipel als politisch selbstbestimmte Neugestaltung der Nachkriegsdeutschen, nicht als mentale Vollendung ihrer Westblock-Loyalität. Schon gar nicht will Geipel im Schulddiskurs des Westens einen symbolpolitischen Ersatz für Kriegsbußen sehen, die der Osten Deutschlands – per Diktaturdasein und Reparationsübernahme – politisch und ökonomisch handfester ableisten musste. Beharrlich spricht Geipel von der »postfaschistischen DDR« und ihrem ideologisch unberechenbaren »Nachfolgekollektiv«. »Faschismus« steht bei Geipel für eine Substanz, die im »inneren Hitler dieser

[171] Vgl. Yoko Tawada: *»Ein Brief an Olympia«*, in: *Konkursbuch* 32 (2005), S. 259–268, hier: S. 268.

[172] Geipel: *Umkämpfte Zone*, S. 188 und S. 263.

Generation« durch die Jahrzehnte gewandert ist und direkt zum Wahlverhalten der Dunkeldeutschen 2019 geführt hat. Deren Rassismus sei etwas, das lang aufgestaut war.[173] So ist der Oststaat verantwortlich auch für das, was nach seinem Kollaps kam. Er hatte mit seinem Antifaschismus diktatorisch von außen, nicht therapeutisch von innen angesetzt.

Geipel selbst gehörte, zumal als Sportkader, zu den Begünstigten dieses Staates. Ihr Aufruf, das Ostvolk als NS-Schuld- und DDR-Traumakollektiv möge sich moralisch läutern, fügt sich ein ins medienöffentliche Umdeuten eigener Lebensbrüche. Dergleichen ist altbundesdeutsche Routine. Geipels Ansinnen freilich entspricht auch einem aktuellen Trend, auf staatsöffentliche Verarztung privater Schicksalsschläge zu setzen. Beides hat mit Sinnvakanzen im bürgerlichen Rechts- und Verfassungsstaat zu tun. Dieser schert sich (im Idealfall) nicht um politische Gesinnung und geschichtliche Herkunft seiner Bürger, bietet nur formale Gerechtigkeit. Er kann weder den Rachewunsch von Schicksalsversehrten noch das Bußbedürfnis von Schuldzerquälten befriedigen. Das alles müsste also »privates Archiv« (Geipel) bleiben. Für genannte Befriedigung kann nur eine politisch-mediale Zwischensphäre aufkommen, die formale Rechtlichkeit zu moralischer Selbstverwirklichung erweitert. In dieser Zwischensphäre vermischen sich öffentlicher und privater Sprachgestus. Hier lässt sich die falsche Herkunft, das beschädigte Leben, der erlittene

---

[173] Vgl. Geipel: *Umkämpfte Zone*, S. 139; ds.: *»Meine Generation hat den inneren Hitler in sich konserviert«*, in: *Cicero* vom 23. April 2019.

Nachteil zum Entschädigungsanspruch umformulieren. Er verheißt ein Recht auf wenigstens postume Selbstbestimmung, frei von allem biographischen Ungemach.

Geipels Extremfall ist somit tatsächlich exemplarisch, doch anders, als sie selbst meint. Geipel entstammt einem sozialistischen Bürgertum. An dessen autobiographischen Texten zeigen sich bundesdeutsche Literaturverlage und -feuilletons seit Jahren stark interessiert. Beispielhaft war der Erfolg von Eugen Ruges funktionärsbürgerlich verortetem *Roman einer Familie*.[174] Während der Bewerbungstour ließ sich der Autor vor der Kaserne interviewen, in der er seinen Grundwehrdienst hatte ableisten müssen.[175] Funktionärskinder reagierten oft verstört, ja verletzt, wenn sie das Allgemeine, Alltägliche des DDR-Daseins zu absolvieren hatten. Ihr gut entwickeltes Klassengefühl musste es kränken, in der historisch benachteiligten Deutschlandhälfte geboren zu sein. Auch Geipel war mit dem SED-Staat wegen unerfüllbarer privater Lebenswünsche kollidiert: Die Staatszugehörigkeit definierte, was an Auslandskontakten möglich war. Ein Gefühl der Verletztheit, überhaupt per *Herkunft* ein nicht ganz steuerbares Schicksal zu haben, ist nun aber in altbundesdeutschen, vor allem linksbürgerlichen Rezeptionsmilieus geradezu Norm.[176] Sie hängt mit dem dort eingeübten

---

[174] Eugen Ruge: *In Zeiten des abnehmenden Lichts. Roman einer Familie*, Reinbek 2011.

[175] Westliches Erschauern und Bedauern hierfür waren ihm sicher, etwa im *Deutschlandfunk*, »Studio LCB«, 29. Oktober 2011.

[176] Im »Literarischen Quartett« des *ZDF* wurde Durs Grünbein 2001 für den DDR-Sportunterricht inmitten kindlich-proletarischer Rohlinge bemitleidet, und zwar durch Jürgen Busche, Verfasser von *Heldenbesichtigung. Das verweigerte Erbe des Ersten Weltkriegs* (2004).

Kampf gegen allerlei Kontingenzen der Identität zusammen. Auch Geipels Hadern mit dem ungeliebten Geburtsland entspricht diesem verbreiteten Wunsch nach kontingenzbefreitem – »selbstbestimmtem« – Lebensdurchmarsch, nach Unberührtheit von allem Schicksalhaften. Er verlockt dazu, biographisches Ungemach einer geschichtsmetaphysischen, schuldmoralischen oder entschädigungsökonomischen Sinngebung zuzuführen. Das wiederum ist, wie der Kulturphilosoph Robert Pfaller beobachtet hat, ein typisches »Sprachspiel unter Privilegierten«, speziell im Medien-, Wissenschafts- und Kulturbetrieb.[177]

Tatsächlich definierten SED-Funktionärsbourgeoisie wie eine zusehends bourgeoise Westlinke sich nicht mehr klassisch bürgerlich durch Besitz oder Bildung, sondern durch moralisches Symbolhandeln. Es ging und geht dabei um ein bestimmtes, bekenntnistaugliches Denken, mehr noch: Fühlen. Nahezu alle Vertreter jener *Generation Mauer*, die Geipel als ihresgleichen porträtiert hat, agieren unter dieser Kondition. Erst die symbolpolitische Positionierung – und sei es in einem Opfer-Diskurs – verschafft Einlass zur Bürgerlichkeit im sozialen Sinne. Geipels halbfiktionale Rollen-Ichs huldigen diesem Ideal einer vom kulturellen Überbau her souverän erzeugbaren politisch-materiellen Basis. Die Erinnerungsbilder ihrer DDR-Jugend sehen so aus: »Appelle, Fahnen, Gelöbnisse, tote Reden. Weiße Blusen, blaue Blusen, blaue Halstücher, rote Halstücher.«[178] Das Symbolisch-

---

[177] Vgl. Pfaller: *Erwachsenensprache. Über ihr Verschwinden aus Politik und Kultur*, Frankfurt/M. 2018, S. 40.

[178] Geipel: *Umkämpfte Zone*, S. 127; vgl. ebd., S. 149ff.

Rituelle zeigt hier eine Allgegenwart, wie sie allein für das Funktionärsmilieu typisch sein konnte, für Professionelle der Ideologie. Nicht so sehr um die »pausenlose propagandistische Aufladung« des Lebens in der Zone geht es Geipel also, sondern um dessen Aufladung mit etwas ideologisch Minderwertigem, einer historisch instabilen »Schredderkultur«[179]. Bei den Siegern der Geschichte war man im Osten gewiss nicht; eine bittere Erfahrung für jemanden, der von klein auf zum Siegen trainiert worden war. Der Hass auf den Osten hat bei Geipel einiges mit dem sozialen Siegeswillen sogenannter Meinungseliten zu tun – vor und nach 1989.

Hier liegt die Parallele zum westdeutschen 1968 und Post-1968. Viele höhere Töchter und manche Söhne aus der DDR-Funktionärsschicht, gerade Spätexilanten wie Geipel, verachteten nach 1989 genauso wie die inzwischen verbürgerlichte Westlinke heftig die proletarischen Nachrücker in Konsum- und Freiheitsrechten. Da mit fortschreitender deutscher Einheit der konsumbiographische, bloß quantitative Vorsprung schrumpfte, war moralisch-kulturelle, mithin qualitative Abgrenzung vom »Zonenbewohner« (Klaus Bittermann) umso dringlicher. Man verabscheute ihn als materiell interessierten, ideologisch jedoch indifferenten Neubürger, der einzig ins Dunkle politisierbar schien.[180]

---

[179] Ebd., S. 137 und S. 209.

[180] Geipel folgt der älteren These von den sozial und ökonomisch »Abgehängten« im Osten, welche keine »Erlösung vom Loser-Dasein« und stattdessen zur faschistischen Empörung gefunden hätten, so in: *Amok in Erfurt*, S. 87, und *Umkämpfte Zone*, S. 244ff.

Die 1990er Enttäuschung der westlichen Linken, dass die Ostdeutschen sich nicht um einen reformierten, emanzipationsutopisch entworfenen, also endlich wahren Sozialismus bemühen wollten, wandelte sich rasch in Vorwürfe, dass sie nicht schon früher gegen dessen totalitäre Verhärtung rebelliert hätten. Auch Geipel gehört zu jenen vom Volk enttäuschten Intellektuellen.[181] Der vormundschaftliche Impetus ihres Herkunftsmilieus, wenn nicht einer ganzen Tradition von Elitedenken, wirkt darin fort. Unangetastet bleibt das Modell einer Totalherrschaft der Idee über die Realität – für den Ideenhistoriker Eric Voegelin ein Grundzug des modernen Gnostizismus, wie er viele politische Ideologien geprägt habe.[182] Bezeichnend dafür ist eine Sprache, die

[181] Gegenüber der *Neuen Zürcher Zeitung* sagte Geipel am 10. September 2019: »Ich frage mich die ganze Zeit, wann der Westen mal wütend wird und sagt: Leute, wir haben euch nach 1989 nicht 2,5 Billionen Euro rübergeschoben, damit am Ende des Tages in Sachsen fast 30 Prozent AfD rauskommen.«

[182] Wie er zur Zeit der Totalitarismusdiskussion besonders eifrig dem politischen Gegner attestiert wurde! Als prototypische Autoren aus verschiedenen weltanschaulichen Milieus, die aber das gleiche Phänomen im Blick hatten, seien Ernst Topitsch, Augusto Del Noce und Eric Voegelin genannt. Der Gnostiker ist für Voegelin, der hierbei die anspruchsvollste Reflexion bot, ein mit der Welt unzufriedener Mensch (*The New Science of Politics*, 1952). Seine Unzufriedenheit gehe über politische Parteinahmen weit hinaus, sein Leiden sei existentiell, verstehe sich jedoch nicht als bloß subjektiv. Er halte die Weltordnung (bei Voegelin: »Seinsordnung«) durch eigene Tat und auf Basis eines »Erlösungswissens« für veränderbar, und zwar in einem historischen Prozess (evolutionär: Erziehung, revolutionär: Gewalttat). Voegelin umschreibt damit moderne Wiederaufnahmen von Denkmotiven und -strukturen der »ursprünglichen«, spätantiken Gnosis, wie sie Hans Jonas in seinem Klassiker von 1934 porträtiert hatte. Elementar gnostisch, in der Neuzeit dann »gnostizistisch« sind Jonas zufolge ein moralisch-ontologischer Dualismus, eine hieraus folgende Deutung der Welt als Gefängnis des (wahren) Lebens, eine Erlösungsoption durch befreiendes »Wissen« vom angestammten Seinsort der jetzt noch – physisch-weltlich, auch sozialweltlich! – »eingeschlossenen« Seele. Verheißen sei so eine schicksalsbefreite Existenz durch eine

dauernd Wünsche an die Wirklichkeit formuliert. Keine Partei, schreibt Geipel zum Beispiel angesichts der Unruhen in Sachsen, hätte es geschafft, »die Ostdeutschen in die Demokratie zu führen«,[183] mit ihren »unversorgten Seelenwunden, im Traumagedächtnis«,[184] »ungehoben und unbetreut«[185]. Das Ziel ist ein Mensch, der seine Gefühle gemäß einer für angemessen erkannten Ideensprache betreut; eine Konkordanz von Ideellem und Affektivem.

Diese Beherrschung von Affektivem durch Ideelles bzw. von Psychischem durch Geistiges ist ebenfalls ein gnostizistisches Konzept. Seine politische Anwendung findet es in einer Gesellschaftsdiagnose, worin eine Zone wissensspendenden Lichts sich gegen eine Zone gefühlstrüben Dunkels (»Dunkeldeutschland«!) behaupten muss. Unversehens erweist sich die Demokratie des Westens als der gute, aber schwache Gott der Gnosis,[186] der gegen einen übelwollenden, aber tatkräftigen Demiurgen wenig vermag: Der Osten begreift zwar nichts, bewirkt jedoch vieles. Denn Ostdeutschlands »Pogromklima expandierte in den Westen.«[187] Auch das westliche Parteiensystem hätten die ostdeutschen Wähler längst seinem demokratischen Zweck ent-

---

Praxis dieses Wissens, die sowohl asketisch als auch libertinistisch ausfallen kann; vgl. ds.: *Gnosis. Die Botschaft des fremden Gottes*, hrsg. von Christian Wiese, Leipzig-Frankfurt/M. 1999, S. 69ff.

[183] Geipel: *Umkämpfte Zone*, S. 257.

[184] Ebenda, S. 243.

[185] Ebenda, S. 256.

[186] In ihrer radikal dualistischen Variante, wie sie bis heute mit dem Begriff der Gnosis meist assoziiert wird.

[187] Geipel: *Umkämpfte Zone*, S. 181.

fremdet.[188] Geipel beschreibt die westliche Demokratie als etwas überaus Verletzbares, dessen ursprünglicher Reinheit nun Beschmutzung durch östliche Schuld, Gier und Wut drohe.

Den renitenten Landsleuten Ost wünscht die Autorin deshalb, dass ein Erzieher-Staat sie hart drannehmen möge. »50 Jahre Diktaturwelt kann mit Pampern, Regionalismus und Rückzug aus dem Politischen nicht bewältigt werden.«[189] Politische Divergenz deutet Geipel als moralisches Fehlverhalten, dieses wiederum als sozialpsychisches Defizit. Es ließe sich ideologisch beheben – durch eine Leitidee, ein Identitätsnarrativ für den Osten![190] Man kann in derlei zunächst die Selbstüberschätzung professioneller Meinungsbildungseliten erblicken, in Geipels Familienfall naheliegend ob der funktionärsbürgerlichen Herkunft. Doch folgt dieses Denken letztlich auch Mustern des Kalten Krieges, insbesondere der Umerziehungsidee, deren westliche und östliche Version bei Geipel verschmelzen.

---

[188] Seit längerem sei »der Osten dabei, die bundesdeutsche Politlandschaft zu missbrauchen«, beklagt Geipel: *Umkämpfte Zone*, S. 263.

[189] Ebenda, S. 245.

[190] »Aber es brauchte händeringend Ersatz« heißt es in *Umkämpfte Zone*, wenn eine blamierte »Leiterzählung« einer tauglicheren weichen soll, eben einem »Identitätsnarrativ für den Osten«; vgl. ebd., S. 84 und S. 245. In *Amok in Erfurt* lautet der Befund, westliche Werte wie »die Einmaligkeit eines guten Lebens, der Genuss individuellen Glücks« seien »nichts, was man den Menschen über die Zeit zweier Diktaturen eingepflanzt« hätte. *Eingepflanzt* wurde anderes, Falsches. »Bewusst gelenkte Nachgeschichte«! Auch die Schuljugend in Erfurt nach 1990 habe niemand *gelehrt*, »[w]ie man ein Mensch wird, wie man denkt und fühlt«; vgl. ebd., S. 74 und S. 163.

Das Optimum der Umerziehung bleibt eine Totalherrschaft der – diesmal richtigen! – Idee über jede erfahrbare Realität. Deshalb ist es gerade das Nicht-ganz-Totale, der in Ideologiediktaturen unvermeidliche Schlendrian des Alltags, was Geipel noch nachträglich an der DDR empört. Sie hält diesem Staat seine geschichtspolitisch ausgehöhlten Rituale vor. Tatsächlich ergreifen Rituale niemals den ganzen Menschen. Statt des rituellen, von oben »verordneten Antifaschismus« hätte Geipel nun dem Ostvolk gern einen Antifaschismus von innen gegönnt, wie sie ihn im Westen verwirklicht sieht. Selbst die SED musste ja ideologisch unbepflanzbare Sonderzonen des Privaten und Familiären akzeptieren; für Geipel jener affektive Wildwuchs, aus dem es heute wieder faschistisch blüht. Die Autorin vermisst erziehungstüchtige Instanzen, die sich der nach 1990 weltanschaulich Unversorgten und Unbetreuten hätten annehmen müssen. Solche Instanzen wären zum Beispiel politische Parteien. Diese könnten hierbei jedoch auch versagen. Die nicht führungswillige Linke etwa zeigte eine »politische Verantwortungslosigkeit, die die AfD vorbereitet und groß gemacht« habe.[191] Geipel spürt das primär Affektive, Stimmungshafte in der sächsischen Immigrationsgegnerschaft. Sie nennt die affektgeleitete Masse unbetreut, weil ideologisch nicht festgelegt. In Parteimitgliedschaften, meint Geipel, durch parteiideologisch formatiertes Lagerdenken, wären die Wutbürger festzulegen. Der ideologisch indifferente Pragmatismus, mit dem die Dunkelsachsen sich heute wieder

---

[191] Geipel: *Umkämpfte Zone*, S. 257.

bei der Rechten holen wollten, was die Linke von gestern nicht mehr zu bieten habe, ist ihr unheimlich ob seiner Unfassbarkeit und Unberechenbarkeit. Würde der »innere Hitler« der Ostdeutschen aus seiner seelischen Krypta emporsteigen und sich endlich als solcher zeigen, dann wäre er auch als solcher zu bannen.[192] Geipels politischer Gnostizismus, zeitgemäß psychotherapeutisch reformuliert, benötigt die Idee eines ideologisch geschlossenen, personell verkörperten Weltbilds. Erst dieses erlaubt den diagnostischen Zugriff und die therapeutische Erlösung.[193] So spiegelt sich der Polit-Gnostikerin ihr eigener totalitärer Traum als eine befremdliche Wirklichkeit.[194]

Nachspiel 2023: Eine deutsche Karriere

Jahrelang hatte Ines Geipel versucht, Zweifler an ihrer sportlichen wie politischen Opferbiografie zum Schweigen zu bringen. Sie ging hierfür auch gerichtliche Wege. Im Herbst 2021 war sie damit zum wiederholten Mal und diesmal in allen Streitpunkten gescheitert. Bei einer Strafandrohung von einer Viertelmillion Euro oder Gefängnishaft hatte

[192] Ines Geipel wörtlich im *Cicero* vom 23. April 2019.: »Meine Generation hat den inneren Hitler in sich konserviert wie in einer Krypta.«

[193] Den Depressiven in Ost und West vor und nach 1990 attestiert Geipel in *Seelenriss*, S. 8, das Leiden an »einer unerlösten Kollektivschuld«.

[194] Der politische Gnostiker versucht, schrieb Eric Voegelin in seinem einschlägigen Klassiker, »sich des Risikos der Existenz bewußt zu bleiben, es gleichzeitig aber nicht als Problem in die gnostische Traumwelt aufzunehmen.« Stattdessen »wird die Traumwelt terminologisch in die reale Welt hineingeblendet.« (ds.: *Die Neue Wissenschaft von der Politik. Eine Einführung*, hrsg. Peter J. Opitz, München 2004, S. 177).

Geipel etwa Meinungsäußerungen untersagen lassen wollen, wonach sie Begünstigte des SED-Staates war, trotz massivem Doping nie eine Chance auf Olympiateilnahme hatte und folglich nicht aus politischen Gründen vom Leistungssport relegiert wurde. Von den Widersprüchen in Geipels Selbstdarstellung als multiples DDR-Opfer konnte die Internetöffentlichkeit seit 2018 wissen.[195] Dennoch dauerte es Jahre, bis mit dem *Spiegel* ein mächtiges Mainstream-Medium die Zweifel an dieser Selbstdarstellung aufgriff und auch über die Versuche aus Geipels Umfeld berichtete, den Ruf der Zweifler systematisch zu beschädigen. Bis dahin hatte sich das Misstrauen gegen das Geipelsche Opfernarrativ fast nur in regionalen oder politisch randständigen Organen artikulieren können. Daran änderte sich auch nach Geipels Niederlage vor dem Berliner Kammergericht wenig.

Ein mächtiger Block aus Stiftungen, Verbänden, Massenmedien und Staatsinstitutionen verteidigt bis heute die Opferkunstfigur Geipel. Das durch gegenseitige Preisnominierungen gespannte Netz der Sympathisanten sorgte sogar für weitere Ehrungen Geipels, etwa mit dem Lessing-Preis oder dem Erich-Loest-Preis. Wer auf seinen kritischen Fragen beharrte wie einige Historiker, Sportmediziner oder der inzwischen verstorbene Dopingverweigerer Henrich (»Henner«) Misersky, den suchten renommierte

---

[195] Dossier *Blackbox Doping-»Opfer«-Hilfe*, als PDF veröffentlicht durch Werner Franke u. a. Der Anlass für kritische Nachfragen, die schließlich auch Geipels Selbstdarstellung als eines unwissenden Doping-Opfers galten, waren die exorbitant gesteigerten, kaum verifizierbaren Opfer- und damit auch Antragstellerzahlen. Sie bewegten sich im fünfstelligen Bereich.

Medien mit Einschüchterungskampagnen heim. Whataboutism, Unterstellungen und Schmährhetorik waren hierbei die Mittel der Wahl. Eine unrühmliche Rolle spielten und spielen einige Schreiber von *NZZ, FAZ, Welt* sowie jahrelang der *Deutschlandfunk.* Auch als sie es längst besser wussten oder hätten wissen können, suchten sie den Mythos von der unerschrockenen und darob verleumdeten, ja verfolgten[196] Diktatur-Entlarverin aufrechtzuerhalten. Der *Deutschlandfunk* etwa sorgte sich weniger um freien Informationsfluss als um eine Immunisierung der umstrittenen Autorin gegen Nachfragen.[197] Die *NZZ* fragte nicht nach, als Geipel dort behauptete: »Ich wusste nichts vom Inneren des Systems oder etwa von diesem kranken DDR-Sport.«[198] Kostproben eines eingebetteten Journalismus lieferte regelmäßig die *FAZ.*[199] Und in der *Welt*, Leitmedium transatlantisch gewendeter Maoisten, durfte Jochen Staadt noch 2023 der Allsystemtauglichen einspruchsfrei

---

[196] Peer Teuwsen: *»Staatsdoping in der DDR: Ines Geipel kämpfte und wird verfolgt«*, in: *NZZ* online vom 22. August 2022.

[197] Geipels Wunsch, ihre Stasiakte der Wissenschaftsöffentlichkeit zu entziehen, kommentierte der *Deutschlandfunk* überaus verständnisvoll; vgl. Sabine Adler und Norbert Pötzl: *»Stasi-Opfer fordert Akte nach Datenleck zurück«*, in *DLF*-Archiv, 10. Juni 2021.

[198] Ines Geipel im Interview: *»Die AfD schafft es, dass sich der Osten ein weiteres Mal abhandenkommt«*, in: *Neue Zürcher Zeitung* vom 10. September 2019.

[199] Während des Gerichtsprozesses, den Geipel gegen ihren unbestechlichen Kritiker angestrengt hatte, nahm Michael Reinsch für sie Partei; vgl. ds.: *»Attacke aus der Nacht«* (*Frankfurter Allgemeine Zeitung* vom 22. Oktober 2021). Der Journalist war im Dezember 2018 für seine wohlwollende Berichterstattung durch den damals noch Geipel folgenden Doping-Opfer-Hilfe-Verein mit dessen Medienpreis ausgezeichnet worden.

huldigen.[200] Sie alle feierten Geipel als einsame Kämpferin für die Wahrheit gegen eine Welt von übermächtigen Widersachern. Wer die Ungereimtheiten in ihrer Dissidenz- und Opfervita benannte, wurde einer Verschwörung von neidischen alten Männern zugeordnet, ja, in die totalitäre Altkader-Ecke gestellt.

Offenkundig betrachteten viele Medienschaffende eine Blenderin als eine der Ihren. Warum eigentlich? Darauf gibt es mehrere Antworten.

1. Zweifellos fühlten sich jene Journalisten auf der historischen Siegerseite, auf die sich Geipel in jedem ihrer Ost-Erklärbücher mit neuem Eifer geschlagen hatte. Moralische Überlegenheit war den westlich Sozialisierten durch bloße Systemzugehörigkeit garantiert. Dazu passte die These vom ostsystemtypischen (»flächendeckenden«) Dopen und alternativlosen Mitlaufenmüssen. Moralische Kategorien waren somit direkt auf politische abgebildet, wie es dem älteren, unverkennbar gnostischen Totalitarismusschema entsprach. Als Publizistin bediente Geipel noch Jahrzehnte nach 1990 jene schlichte Schwarz-Weiß-Ästhetik, in der sich Muster des Kalten Krieges mit modischem Betroffenheitskitsch mischen. In einem solchen Szenario kann es nur entweder Täter oder Opfer geben. Wer sich als Stellver-

---

[200] Kurz nach dem Staadt-Interview suchte Marc Reichwein die Zweifel an der Preisnominierten so zu entkräften: »Als würde hier kein Literaturpreis, sondern ein Historiker-Preis für Aufarbeitung der DDR-Diktatur vergeben. Als wäre die Medienstiftung der Leipziger Sparkasse, die die mit 10.000 Euro dotierte Auszeichnung vergibt, ein Orwellsches Ministerium für Wahrheit.« (*»Ines Geipel erhält den Loest-Preis – und kritisiert ihre Kritiker«*, in: *Welt* vom 25. Februar 2023).

treter letzterer inszeniert, erwirbt Ansprüche auf politisch-moralische Deutungshoheit.

2. Die Faktenresistenz aller Geipel-Apologien ist typisch für ein Justemilieu von Bessermeinenden, das sich selbst meist als bürgerlich versteht, als bürgerliche Mitte, bürgerliche Öffentlichkeit oder gar als Zivilgesellschaft. Seine Haltungsmedien, Forschungsinstitute, Preiskomitees usw. bilden den institutionellen Rahmen, innerhalb dessen eine neuartige, nicht mehr durch Besitz oder Bildung ausgewiesene Schicht von freien Kleinunternehmern agiert. Als zeitgenössische Weltanschauungsbourgeoisie[201] treibt diese Schicht hauptberuflich Ideenpolitik. Sie baut an einschlägigen Karrieren durch geistig leichtverdauliche, affektstolze Konfessionen. Nicht allein also *Gesinnung* (wie einst bei den Mitläufern der Ideologiediktaturen), sondern *Gefühl* garantiert solchen Meinungsunternehmern ihre argumentative Unschlagbarkeit. Fakten und selbst Faktenauslese treten demgegenüber zurück. Es sind *Haltungen* zu Fakten, ja, möglichst erregungstemperaturstarke Stellungnahmen, die in den einschlägigen Geltungshierarchien reüssieren lassen. Somit relativiert sich auch der Wert des persönlich Erlebten, das im 20. Jahrhundert als Ultima Ratio des Authentischen galt. Gewiss, nach wie vor beeindruckt ein politisch fremdverursachtes Leiden. Doch kann es ebenso das eigene Handeln in Unrechtszeiten sein, was zu Auflage und Einfluss verhilft, sobald es nur politisch opportun (um)bewertet wurde.[202] So konnte Geipel

[201] Als kultursoziologischer Fachbegriff hierfür hat sich »Meinungselite« etabliert.

[202] Daher der Doppelcharakter vieler Geipel-Bücher, sentimentale Erinnerungs- und selbstgerecht anmutende Anklagetexte in einem zu sein.

einer missglückten Sportkarriere im Osten ihre moralisch wie materiell prämierte Opferkarriere im Westen anfügen, ja erstere hierdurch lebensgeschichtlich aufwerten. Eine parteistrafenfreie SED-Mitgliedschaft schien der Bundeszentrale für politische Bildung, dem *Deutschlandfunk* & Co. kein Mitläuferindiz oder gar moralisch anrüchig, hatte Geipel doch sogleich nach dem Systemwechsel ihre Karriere bei den neuen Mächtigen verfolgt. Ihrer sozialen Nutznießer- wie ihrer sportlichen Doping-Vergangenheit in der DDR wollte die Weltklassesprinterin sich niemals stellen. Von der Demut, die Geipel ständig den Diktaturverstrickten abfordert, ist sie selbst völlig frei.

Erst ein Jahrzehnt nach dessen Gründung hatte Geipel zum Doping-Opfer-Hilfe-Verein gefunden. Dort war man zunächst hocherfreut über den späten Neuzugang. Geipels Selbstdarstellung als Diktaturopfer befeuerte ihre Medienwahrnehmung als Dopingopfer und umgekehrt. Publizistisch geräuschvoll distanzierte Geipel sich – nach 22 Jahren! – von ihrem dopinggestützten DDR-Staffelrekord. Doch ließ sie sich weiterhin als Weltklasseathletin präsentieren. Dass dies bei Dopingverweigerern und -kritikern in Ost *und* West zusehends Unmut erregte, ist verständlich. Die Nominierung Geipels für den Erich-Loest-Preis der Leipziger Sparkassenstiftung 2023 brachte das Fass zum Überlaufen. Doch legten sich erneut Prominente aus dem Kultur- und Medienbetrieb für die dichterisch Begabte ins Zeug, so der – wie Geipel – aus Dresden stammende Preisredner. Solidarität des Weißen Hirschs gegen ein Tal der historisch Ahnungslosen, die auch ahnungslos bleiben sollten? Der Lyriker Durs Grünbein jedenfalls war mit keinem Wort auf die Zweifelsgründe gegen Geipel eingegangen. Stattdessen versuchte er sich ähnlich wie die meisten Leitmedien und Geipel selbst in psychologischer Spekulation über die Zweifler. Keiner von diesen entstammte einer DDR-spezifischen Privilegiertenschicht.[203] Blut des Hirsches scheint dicker als alle Wasser der Geschichte.

3. Zeitgeistkompatibel ist der Anti-Stil eines hochemotionalen, vertraulich tuenden und sachlich verwaschenen Sprechens.[204] Er verheißt moralische Selbstevidenz, gilt als glaubwürdig und engagiert. Über das affektive Überwältigtsein von ihren eigenen Erinnerungen sprach Geipel gern und häufig. Kein Wunder, denn wer seine affektiven Bestände kalkuliert einzusetzen versteht, gewinnt die moralische und mediale Offensive. Diese Bestände speisen sich bei Geipel aus einer doppelten Bitterkeit: postum gegen den Übervater Staat, der ihr mangels sportlicher Laufleistung einst seine Liebe entzog, aktuell aufgrund ihrer Zugehörigkeit zum historischen Verlierervolk, gefan-

---

[203] Diesbezügliche Auszüge vgl. Marc Reichwein: *»Ines Geipel erhält den Loest-Preis – und kritisiert ihre Kritiker«*, in: *Welt* vom 25. Februar 2023; die kritische Widerlegung in ihren Details bei Jens Weinreich: *»Debatte um DDR-Leichtathletin Ines Geipel – Propaganda vom Feinsten«*, in: *Berliner Zeitung* vom 6. März 2023.

[204] In einem ihrer jüngsten Ost-Erklärbücher liest man von »Daten, die sich zu einer Gefühlslandschaft zusammenschieben« (Ines Geipel: *Schöner neuer Himmel. Aus dem Militärlabor des Ostens*, Stuttgart 2022, S. 107). Kurz und forsch dagegen das Ausweichen, wenn nach ihrem Dopingkonsum gefragt wird (»Ich habe mir diese ganze Chemiefrage in keiner Weise denken können«, zit. nach: *Blackbox Doping-»Opfer«-Hilfe*, hrsg. von Werner Franke u. a., S. 50).

gen auf der falschen Seite der Geschichte.[205] Geipel sah sich zu Besserem geboren und zu Schlechterem verurteilt. »Die DDR« und »der Osten« wurden ihr zu Chiffren einer Vergangenheit, die nicht vergehen konnte. Das ungeliebte Herkunftsland bedeutete lebensgeschichtliche Wunde und zugleich moralisch-materielles Grundkapital. So entstand Ressentiment-Literatur im Wortsinne, die dafür empfängliche Gemüter überzeugen musste.[206]

4. Mit ihrem doppelten Ressentiment – gegen Oststaat und Ostvolk – konnte die Gefühlspublizistin ein weites, von rechtskonservativ bis linksliberal reichendes Politik- und Medienspektrum bespielen.[207] Geipels kaum sublimierter Hass auf das, was sie als hochprivilegiertes Kind der DDR selbst einmal war und nun nicht mehr gewesen sein wollte, beglückte die Veteranen des Kalten Krieges. Sowohl die notorischen DDR-Staatshasser als auch die nachwende-

---

[205] »Wo steht das Eigentliche? Wie geht Geschichte in echt?« hatte Geipel etwa in *Generation Mauer* gefragt und mit Metaphern subjektiver Verschließung gegen eine unechte, uneigentliche (Diktatur-)Welt geantwortet. Nur in Kokons und Kapseln habe die Subjektivität ihre innere Wahrheit sichern können (vgl. ebd.: S. 116, S. 133, S. 179, S. 182, S. 193, S. 197). Auch dies ist unverkennbar gnostisches Denken: Eine ursprünglich lichte, reine Seele ist gefangen in einer ihr fremden, weil schmutzig-schuldbeladenen Welt.

[206] In fast jeder ihrer Buchpublikationen seit *Seelenriss* denunzierte Geipel einen Leistungswillen, dessen physische Grenzen ihr frühzeitig bewusstgeworden waren.

[207] Ein rechtskonservatives Medium wie die *Junge Freiheit* würdigte jahrelang Geipels Diktatur-Darstellungen, ehe dort ein Autor mit DDR-Sozialisation widersprach (Thorsten Hinz: *»Zeugin der Anklage«*, 17. März 2023). Die größte Zuneigung genoss die Ex-Privilegierte des Unrechtsstaates jedoch bei Demokratiefreunden, die ihrerseits eine politische – meist linksradikale – Vergangenheit zu »bewältigen« hatten.

typischen Ostvolksverächter kamen bei Geipel auf ihre Kosten. Das alleinige Tätertum eines Systems[208] schien in der reinen Opferrolle eines Individuums inkarniert und daher besonders glaubhaft. Zwar war niemand in der DDR gezwungen, eine internationale Karriere im Leistungssport anzustreben, gar hierfür wettbewerbsverzerrende Mittel einzunehmen oder der Staatspartei beizutreten. Die Rede von einem systemischen Zwang war und ist jedoch *DLF, FAZ, NZZ* und ihren Nachsprechern so überaus willkommen, da der Einzelne hierdurch nur mehr als Opfer des Systems authentisch sein kann.[209] Wer sich – wie offenkundig die allermeisten West-Medienschaffenden – auf der moralisch wie materiell besseren Seite der Geschichte geboren sah, den musste zudem historische Scham plagen. Sie inspirierte zur bedenkenlosen Parteinahme im heiligen Krieg gegen den Osten. Und Ines Geipel schien gestern und heute Opfer dieses Ostens. Die Qualitätsmedien schotteten ihre liebste Leidensfigur gegen genaueres Hinsehen ab. Bereits in Texttiteln suggerierten die willigen Helfer aus *FAZ, Welt* & Co., dass es sich bei Kritikern an Geipels Lobbyarbeit für bekennende Doper nur um Apologeten des Doping-Systems Ost handeln könne.[210] In den allerwenigsten Fällen

---

[208] »System«-Begrifflichkeit wird bei Geipel inflationär gebraucht: »Angstsystem«, »Schweigesystem«, »Muttersystem« u. a. m.

[209] Eingeweihte »wussten längst von Geipels SED-Mitgliedschaft. Sie hätte sonst nicht zu den Olympischen Spielen in Los Angeles gedurft« – so abermals Sabine Adler und Norbert Pötzl, *»Stasi-Opfer fordert Akte nach Datenleck zurück«* (*DLF*-Archiv, 10. Juni 2021).

[210] Vgl. Andrea Seibel: *»Vernichtungsvorstoß gegen die geleistete Aufarbeitung«,* in: *Welt* vom 23. Februar 2023; Anno Hecker: *»Zwangsdoping in der DDR. Der Fall Ines Geipel«,* in: *Frankfurter Allgemeine Zeitung* vom 23. Februar 2023.

waren die Meinungsmacher zu Selbstkorrekturen, gar Selbstkritik bereit. »Medien sind in gewisser Weise auch Menschen, also gutgläubig«, seufzte es aus dem *Deutschlandfunk*, die großen Medien seien nun einmal »westdeutsch dominiert: Dort kennen sich viele Menschen mit der DDR nicht aus.«[211]

5. Die westdeutsche Mediendominanz erklärt schließlich, warum der Chor der Geipel-Kritiker politisch so vielstimmig tönen musste. Ihnen allen standen die großen Blätter und Sender des Justemilieus nicht zur Verfügung. Zweifler an Geipels Traumatheorien und Opfergeschichten – das konnten ebenso unbußfertige Doper wie Dopingverweigerer, das konnten Systemhäretiker wie Systemanhänger sein. Hinzu kamen Zweifler an den medialen Großerzählungen der »Mitte«, wie sie naturgemäß von den politischen Rändern her zu vernehmen sind. Dies alles erleichterte *FAZ, Welt* & Co. ein verschwörungstheoretisches Raunen von »seltsamen Koalitionen«. Die Leitmedien suggerierten eine Querfront gegen dasjenige, was sich als liberale Mitte einer Gesellschaft versteht.[212] Eine liberale Mitte, von totalitären Rändern eingezwängt – es ist die Lieblingsformel aus Zeiten des Kalten Kriegs, speziell der Totalitarismusdoktrin. Auch wenn ihre historische Basis sich verflüchtigt hat, lebt die Doktrin im ideologischen und publizistischen Überbau eines *ewigen Westens* weiter.

---

211 Matthias Dell: *»In medias res«*, in: *Deutschlandfunk*, 23. Februar 2023.

212 *»Durch das Land ein Riss«* (*Frankfurter Allgemeine Zeitung* vom 4. März 2023) – ein solcher verlaufe entlang der Positionierung pro oder contra Geipel, jedenfalls nach Überzeugung ihres Laudators Grünbein.

Geisterkrieger kämpfen hier in Geisterschlachten; Untote eigentlich. Visionen übermächtiger Freiheitsfeinde ernähren und beflügeln sie.

Deutsche Gefühle

Der Opfer- und Märtyrertopos ist das prominenteste, doch nicht das einzige affektpolitische Paradigma der Spät-BRD. Im Gegenteil, in deren medien- und moralbetrieblichem Durchschnitt begegnen – aufdringlich präsentiert – kämpferische, oft negative Gefühle. Einige wahllos herausgegriffene Beispiele:

Mit »Max Czollek ist wütend!« sucht eine Betriebsgröße des Affektgestürms für ihr neuestes Opus zu interessieren.

Hinter geschlossenen Türen sei die Ministerin X richtig sauer gewesen – lässt sie zumindest ihren Pressesprecher verkünden.

Das Unfallopfer Y teilt mit, dass es nichts empfinden könne und daher psychologischer Hilfe bedürfe.

Die Betroffene Z fordert einen sicheren Raum, in dem sie angstfrei ihre Betroffenheit zeigen könne.

Im Redegestus haben X, Y, Z eines gemeinsam: Sie nicken ihre eigenen Worte heftig ab; ein gleichsam hinterher genickter Selbstkommentar. Letzteres ist vielleicht US-Filmen oder -Fernsehserien abgeschaut, doch hat es sich inzwischen westlich weltweit verbreitet; ein psychosprachliches Esperanto. Hierbei halten Menschen etwas für gut oder wahr und fügen den passenden Gefühlsausdruck hinzu. Sie werden zu emotionalen Illustratoren ihrer Tatsachenbehauptungen und Moralurteile. Wahres oder

Richtiges an sich selbst ist nicht zu verstärken, seine emotionale Bekundung jedoch durchaus. Wird sie privat oder öffentlich erwartet, ja gefordert, dann entsteht ein Steigerungs- und Überbietungszwang. Emotionale Abstumpfung und exzessive Verbalisierung gehören zusammen. Heute sind Gefühle längst Objekte einer bewussten, oft verstetigten Zuwendung. Sie werden als solche gefordert oder verworfen.

Emotion als Institution

Was ist hier geschehen, was hat das philosophisch und historisch zu bedeuten? Ist das klassische Sublimierungsmodell des Bürgertums, demzufolge Affektives rational und moralisch zu dämpfen sei, verabschiedet? Ist eine jahrhundertelang geltende Vernunft-Gefühl-Hierarchie umgestürzt worden, und wenn ja, durch wen? Handelt es sich, wo Menschen so explizit wie exzessiv ihre Empfindsamkeit oder Empörung bekennen, um eine kulturelle Verdrehtheit? Oder zeugt das vielmehr von allerhöchster kultureller Verfeinerung? Hat dieser Zustand historische Parallelen? Und schließlich: Was sagt Ute Frevert dazu?

Die Professorin leitet den Bereich *Geschichte der Gefühle* am Berliner Max-Planck-Institut für Bildungsforschung, ist mit ihren Publikationen und in Person häufiger Gast im *Deutschlandfunk*. »Mächtige Gefühle« heißt Freverts jüngste Buchveröffentlichung. *Deutsche Geschichte seit 1900* ist nur einer der Untertitel – der anspruchsvollste.

Frevert will zwanzig Gefühle vorstellen, die hauptsächlich »die Geschichte des vergangenen Jahrhunderts geformt haben«.[213]

Tatsächlich bietet das Buch vor allem ein Selbstbild, genauer: ein Wunschbild der späten Bundesrepublik. Sie darf darin noch einmal ganz bei sich selbst sein. Die zwanzig Gefühlskapitel liefern hierzu lediglich Stichwörter. Von A wie Angst bis Z wie Zuneigung findet man jeweils eine chronologische Erzählung und die Botschaft: Das Deutschland der Gegenwart sei ein gefühlspolitisch sensibilisiertes, im Marsch durch die Instanzen kultiviertes Gemeinwesen. Seine mühevoll erlangte innere Souveränität drohten freilich dunkle Affektmächte (Neid, Hass, Ekel, Nostalgie) zu unterspülen. Frevert assoziiert diese Gefahr mit der deutschen Einheit. Den Part des emotional Unkultivierten, weil autoritär Präformierten übernehmen – wenig überraschend – die DDR und ihr Nachfolgekollektiv, die Ostdeutschen. Aus der so umrissenen Psychogeschichte der Bundesrepublik leitet Frevert einen gefühlspädagogischen Auftrag ab: Die emotional angenehm unterkühlte Adenauerschöpfung müsse nach erfolgreicher 68er-Lockerung ihr liberales Wesen bewahren, endlich aber auch emotionale Wärme bei der (Um)Weltbewahrung entwickeln. Eine Panik aus Vernunftgründen sei berechtigt![214]

---

213 Ute Frevert: *Mächtige Gefühle. Von A wie Angst bis Z wie Zuneigung. Deutsche Geschichte seit 1900*, Frankfurt/M. 2020, S. 28.

214 Vgl. Frevert: *Mächtige Gefühle*, S. 46f.

In diesem Gegenwartsszenario hat Frevert ihrem 500-Seiten-Wälzer einen wichtigen Platz zugedacht. Die Welt werde besser verständlich und überhaupt besser, »wenn wir auf Gefühle achtgeben«.[215] Auch Geschichte könne entlang von Gefühlen erzählt und begriffen werden.

Methodologisch kann das Buch verunsichern. Bei jeder Geschichte der Gefühle muss der Status von Gefühl geklärt sein. Ist es *Ereignis* im historischen Objektbereich, so dass für sein gelegentliches, möglicherweise überraschendes Hervortreten ein ganzes Repertoire geisteswissenschaftlicher Methoden aufzuwenden wäre? Oder interessiert an Gefühl eine durchgängige affektive Grundierung sozialen Handelns, der dann eine ganz spezifische Methode gerecht werden müsste? Freverts Verfahren schwankt je nach Argumentationsinteresse. Insgesamt erzählt sie eine Geschichte emotionaler Haupt- und Staatsaktionen. Es ist die Herkunftsgeschichte dessen, was inzwischen fast amtlich »die (gute) alte Bundesrepublik« heißt.[216]

Deren wichtigste Kontrastfolien sind einerseits die NS-Diktatur, andererseits die DDR. Bei DDR-BRD-Vergleichen stellt sich prinzipiell die Frage, welche DDR-Phase herangezogen werden soll. Frevert entscheidet sich zumeist für

---

[215] Ebenda, S. 7.

[216] Gefühlspolitische Hochglanzbilder strukturieren den Text: der Kniefall Brandts, die Umarmung Adenauers und de Gaulles, der Händedruck zwischen Kohl und Mitterrand (bei Frevert durchweg: »Mitterand«).

Bild- und Textzeugnisse der frühen DDR-Jahre. Das mag einerseits den historischen Überlegenheitswunsch der Autorin, andererseits die prekäre Quellenlage spiegeln, wenn es um erlebte Geschichte gehen soll. Frevert ist auf SED-Propagandazeugnisse oder auf die Aussagen oft spätberufener Dissidenten angewiesen. Bedenkenswerte Ambivalenzen des DDR-Daseins wie etwa ein manchmal hartnäckig bürgerlicher Habitus in Wertsetzungen und Verhaltensweisen entgehen ihr so. Die DDR-typische Hochschätzung der Privatsphäre und ihre Abgrenzung gegen eine als staatlich korrumpiert geltende Öffentlichkeit gehören ersichtlich nicht zu den Präferenzthemen Freverts, im Gegenteil. Meist werden solche und weitere DDR-Besonderheiten, etwa häufigere Frauenqualifizierung oder freieres Geschlechterverhältnis im Osten, auf staatliche Beschwichtigungsabsicht reduziert. Die Autorin denkt entlarvungshermeneutisch. Sie ist bestrebt, die staatliche Propagierung von Stolz auf den Sozialismus, Liebe zur Führung, Hass auf den Klassenfeind unmittelbar auf die Lebens- und Erlebensrealitäten der DDR-Bevölkerung hin zu lesen. Immer wieder hält Frevert Lebensrealität und Ideologiesprache der DDR unmittelbar gegeneinander, findet sie nicht prinzipiell inkompatibel. Doch sei die staatssozialistische Ideologie auf falsche Vorstellungen von Menschlichkeit und Moralität gegründet gewesen. Frevert selbst glaubt an die Umsetzbarkeit der richtigen politischen Programme in emotionale Realitäten.

In der BRD nämlich betreibe man »demokratische Gefühlspolitik«, die anders als eine diktatorisch-totalitäre »den

Menschen« nicht mehr als fremdartige, von oben lenkende Macht begegne. »Die Menschen« in demokratischen Gesellschaften agierten – beispielhaft: Vergangenheitsbewältigung, Klimaängste, Willkommenskultur, Gesundheitspolitik – auf vernünftige Weise gefühlsgeleitet und erzwängen so auch ein bestimmtes Regierungshandeln. Frevert erzählt eine Fortschrittsgeschichte, worin humanitäre Impulse sukzessiv alle kulturellen Felder erobern, bis aus dem Groben das Zarte, aus ökonomischem ein emotionaler Reichtum geworden ist. Eine mangels historischer Eigenerfahrung gewonnene geschichtsphilosophische Großthese, deren Resultate im Einzelnen wenig überraschen können.

Hass oder: Wer ihn nie empfand

Der Mangel an historischer Vergleichserfahrung ist Frevert nicht vorzuwerfen, jedoch der – altbundesdeutsch notorische – Unwille zur Selbstreflexion. Er plättet regelmäßig qualitative Differenzen zu quantitativen, bedient das Denkschema des östlichen Ankommens im Westen. In den Kapiteln *»Hass«*, *»Empathie«* und *»Wut«* beispielsweise erscheint Deutschlands Westen als Landschaft, aus der antipathische Affekte sich beizeiten verflüchtigten, während der Oststaat teils zum Klassenhass aufrief, teils eine landestypische Neigung zum Rassen- und Völkerhass offensichtlich nicht einzudämmen verstand – zumindest nicht bis über sein Ende hinaus. Doch was ist etwa mit den antisemitischen Friedhofsschändungen der 1950er Jahre in Westdeutschland? Frevert erwähnt sie, findet aber, mit dem Volksverhetzungsparagraphen sei man in der BRD solchem Hass frühzeitig zu Leibe gerückt. Hingegen habe die DDR erst 1979 Rassenhetze unter Strafe gestellt! Wie bitter notwendig das gewesen sei, habe sich in Neufünfland sogleich nach 1990 gezeigt, bis schließlich »Migranten auch in den alten Bundesländern nicht sicher waren«.[217] Eine Ära altbundesdeutscher Geborgenheit endete.

Freverts Vergleich der BRD mit ihrem deutschen »Schwesterstaat«[218] beruht im Kapitel *»Hass«* auf beherzter Quellenselektion und -interpretation. Das Material liefern Propagandazeugnisse des Kalten Krieges. Die Interpretin kommt zu dem Schluss, dass sich in der BRD zumindest »die offizielle Politik, im Unterschied zur DDR, von Hass ohne Wenn und Aber und über alle Parteien hinweg distanzierte.«[219] Was aber kann BRD-spezifisch »die offizielle Politik« bedeuten? Soll Freverts Vergleich nicht ahistorisch sein, müsste »offizielle Politik« im autoritären und im demokratischen Staat in je verschiedenen Handlungssphären, bei verschiedenen Trägerschichten gesucht werden. Dann jedoch würde sich zeigen, dass Freverts Behauptung historisch falsch ist. Man denke nur an die CDU-Kampagne gegen Willy Brandt alias »Frahm«!

Behagen am Eigenen dank schiefem Blick auf Fremdes auch im Kapitel *»Liebe«*: Hier konfrontiert Frevert den demo-

---

[217] Frevert: *Mächtige Gefühle*, S. 177f.

[218] Ebenda, S. 243.

[219] Ebenda, S. 178.

kratischen Verfassungspatriotismus von Jürgen Habermas mit der totalitären Vaterlandsliebe eines Günter Schabowski. Beide Jahrgang 1929, hatten sie eine Vergangenheit im NS-Jungvolk, was Frevert als 1945 enttäuschte politische Passion liest. Schabowski habe seine Führerliebe einfach »auf den neuen Staat übertragen« und so »Karriere« gemacht, während der bald führende BRD-Intellektuelle Habermas »andere Konsequenzen« gezogen habe.[220]

Nun, Karriere gemacht hat Habermas sicherlich ebenfalls. Er tat das – dadurch *seinem* System konform – als professionell kritischer Intellektueller, nicht als realsozialistischer Funktionär. Sein geistiger Machtwille dürfte dem Schabowskis mindestens gleichrangig gewesen sein. Gerade hier wäre die Frage nach psychologischen Parallelen fruchtbar gewesen. Frevert durchbricht das selbstgewählte methodische Prinzip zugunsten einer moralisierenden Pointe. Das mag »Haltung« beweisen, jedoch keine professionelle Distanz.

Präsentable Passionen

Die Autorin zeigt sich überzeugt, dass in der späten Bundesrepublik mehr und besser geliebt werde als je zuvor, nämlich aufgeklärt und demokratisch. Während totalitäre Mächte staatskonforme Gefühle propagierten und ihren Ausdruck dirigierten, herrsche in der BRD »breites Einverständnis« darüber, »dass Liebe Privatsache ist – und dass sie weder dem Staat noch einer politischen Ideologie gelten

[220] Ebenda, S. 227.

soll.«[221] Wie beurteilt Frevert dann *CSD, Love Parade* und ähnliche Großveranstaltungen? Was bedeutet es für eine traditionell als intim codierte Sphäre, wenn ihre öffentliche und kollektive Präsentation zusehends notwendig scheint, damit Individuen sie für sich selbst bejahen können?

Freverts Desinteresse an derlei kulturphilosophisch wie emotionstheoretisch brisanten Fragen zeigt eines ihrer Beispiele. Geht es bei homosexuellen Paraden, wie die Autorin schreibt, um »das Recht auf Liebe«? Oder um das Recht auf deren öffentliche Bekundung? Oder um das Recht auf deren zivilrechtliche Absicherung? Es sind hauchfeine und doch himmelweite Unterschiede. Die Historikerin bemerkt über »die Homosexuellenbewegung«: »Konnte sie in der DDR nur im Verborgenen agieren und stand unter argwöhnischer Beobachtung der Staatssicherheit, zeigte sie in der Bundesrepublik seit den 1970er Jahren immer deutlicher Flagge und klagte das Recht auf Liebe öffentlichkeitswirksam ein.«[222] Frevert beschweigt hier mit dem liberaleren Sexualstrafrecht einer Diktatur harte historische Fakten. Das Fehlen der Möglichkeit oder der Notwendigkeit, eine »Bewegung« zu sein und sich als Benachteiligtenkollektiv zu präsentieren, kann emotionale Freiheit bedeuten. Dergleichen kommt Frevert nicht in den BRD-historisch begrenzten Sinn. Als »Liebe« im Vollsinne gilt ihr das, wozu Staat und Partei ihren Segen geben: Frevert ergänzt ihren Text durch ein Foto vom »CSD-Wagen der CDU: Muttis GAYle Truppe«.[223]

---

[221] Ebenda, S. 228.

[222] Ebenda, S. 217.

[223] Ebenda, S. 218.

Im Kapitel *»Neid«* streift Frevert das Phänomen, dass selbst Jahrzehnte nach dem DDR-Beitritt im ostdeutschen Statusverständnis sich ökonomisches Sein und soziales Gelten nicht vollständig decken müssen. Immaterielle Werte, etwa Freundschaftsbeziehungen, wurden und werden im Osten höher geschätzt als im Westen. Das deutet zurück auf eine Gesellschaft, in der Geld fast wertlos war und folglich nicht zu erschöpfender Selbstwertfindung taugte. Wie wird die Historikerin mit einem solchen Fremdheitsfaktum fertig? Als beispielhaft für ihre Argumentation sei eine längere Passage wiedergegeben. Frevert erwähnt eine Studie von 2008, wonach »die Bewunderung für die, die [begehrte] Güter besitzen, in Ostdeutschland geringer ausgeprägt als in Westdeutschland« sei. Überraschend die Schlussfolgerung Freverts: »Das spricht für Neid: Man beneidet die Begüterten, missgönnt ihnen ihre Güter und hofft vielleicht sogar, dass sie ihnen demnächst abhandenkommen. Das erinnert an den vom Sozialpsychologen Rolf Haubl kolportierten Witz: ›Geht ein Amerikaner mit seinem Freund die Straße entlang. Kommt ein großer Cadillac vorbei. Sagt der Amerikaner zu seinem Freund: So einen Wagen fahre ich auch noch mal! – Geht ein Deutscher mit seinem Freund die Straße entlang. Kommt ein großer BMW vorbei. Sagt der Deutsche zu seinem Freund: Der Typ geht auch noch mal zu Fuß.‹ In der Umfrage von 2008 entsprach der Amerikaner, der den Cadillac-Fahrer bewunderte und sich vornahm, in naher oder ferner Zukunft selber am Steuer zu sitzen, dem Westdeutschen, der deutsche Leisetreter und Neidhammel dem Ex-DDRler: Er traute sich gar nicht erst zu, jemals einen Luxuswagen zu fahren, neidete dem Besitzer den Erfolg und wünschte ihm alles Schlechte.«[224]

Frevert hat hier auf das implizite Porträt ihrer Herkunftsgesellschaft mit einer klassischen Projektion reagiert. Sie ernennt, mit durchaus BRD-typischem Sozialneid konfrontiert, stracks den Amerikaner zum Westdeutschen, den Westdeutschen zum »Ex-DDRler«. Frohgemute Leistungsbereitschaft versus neidisches Schmollen! Widersprüchlich ist Freverts Interpretation des Leistungsprinzips selbst. Sie bewertet es negativ nur, wenn es in der DDR anzutreffen war. Im Oststaat nämlich habe das Leistungsprinzip *trotz* Egalitätsrhetorik geherrscht. Die Autorin verweist auf DDR-Betriebswandzeitungen: Die dort bekanntgemachten Bestarbeiter hätten kollektive Neidgefühle erregen müssen, da die Belohnung ihrer Leistungen ja nur individuell erfolgen konnte. (Aus dem DDR-Volksmund ist freilich das Wort überliefert: »Das Geld nehme ich gern, aber die Schande …!«) Ansonsten sieht Frevert im Leistungsdenken und im darauf gegründeten Selbstbewusstsein einen westlichen Kulturvorsprung, den der Osten aufzuholen habe. Doch räumt die Autorin ein, dass Leistung und Erfolg den Nachwendeostlern angesichts der einschlägigen Importkapazitäten oftmals »weniger durch eigene Anstrengung verdient als an westliche Herkunft gebunden« erscheinen mochten.[225]

---

224 Ebenda, S. 248f.

225 Ebenda, S. 249f.

Über den Wandel des bürgerlichen Scham- und Ehrbegriffs hatte Frevert 2013 mit »Vergängliche Gefühle« eine lesenswerte Studie vorgelegt. In »Mächtige Gefühle« widmet die Autorin Scham und Ehre eigene Kapitel. Auch sie wirken wie ein fortgesetzter Kalter Krieg. Beispiel: Um den aufgeklärt-demokratischen Charakter der Bundeswehr mit dem preußisch anmutenden Soldatentum der NVA zu kontrastieren, führt Frevert die unterschiedlichen Fahneneidformeln an. Im Westen gelobten die Rekruten, »der Bundesrepublik Deutschland treu zu dienen und das Recht und die Freiheit des deutschen Volkes tapfer zu verteidigen«, im Osten hingegen, »immer und überall die Ehre unserer Republik und ihrer Nationalen Volksarmee zu wahren«. Das ist richtig, jedoch verkürzt. Selbstverständlich schworen auch die DDR-Soldaten, ihr Land zu verteidigen. Die geschworene Wahrung der Ehre schloss nicht zuletzt ein möglichst nüchternes Verhalten im Ausgang ein.[226]

Die Ängste der anderen

Frevert behandelt Gefühle als Tatsachen, die ohne Beobachterverzerrung objektivierbar und somit moralisch-rationaler Transformation zuführbar sind. Gefühle seien latent allgegenwärtig. Sie müssten nur noch seitens »der Menschen«, sprich: der »Bürgerinnen und Bürger«, durch »Achtsamkeit«

[226] In Freverts Darstellung initiierte »die DDR-Regierung« und nicht etwa die Sowjetunion »gemeinsam mit anderen Ostblockstaaten den Warschauer Pakt«, wofür sie den NATO-Beitritt der BRD 1955 »zum Anlass« nahm (*Mächtige Gefühle*, S. 42). Kein Wort darüber, welche Blockgründung 1949 als erste erfolgte.

mit dem richtigen Sinn versehen werden.[227] Auch wenn das intellektuell behäbig und sprachlich bieder daherkommt, reproduziert Frevert damit die schrillen Suggestionen der Werbung: Lass dich von deinen Wünschen überraschen und greife dann als kühler Rechner zu! Sei emotional spontan und zugleich rational kontrolliert! Höre auf deine Gefühle, aber höre richtig hin! Mit ihren Achtsamkeitsmahnungen folgt Frevert jenem »therapeutischen Modell« (Eva Illouz), das die staatliche wie die kommerzielle Gefühlspolitik westlicher Länder weithin dominiert.[228]

Historisch komplexere Sachverhalte werden dadurch psychologisiert und moralisiert. Wie beides zusammenhängt, hatte sich schon auf den ersten Seiten des Buches gezeigt, im Kapitel *»Angst«*. Frevert interessiert an den Leipziger Montagsdemonstrationen von 1989 nicht der größere historische Kontext, etwa die begründete Erwartung, dass ein sowjetisches Eingreifen wie 1953 ausbleiben werde. Vielmehr findet die Autorin hier ein gefühlstherapeutisches Lehrstück, nämlich »wie Menschen ihre Angst überwinden«[229] könnten. Ebenfalls unter dem Stichwort *»Angst«* mokiert sich Frevert über eine »panikartige Aufregung, die die Wiederkehr der fast ausgerotteten [Wölfe] in ostdeutschen Dörfern« – nur dort? – erregt hätte.[230] Hier fragt sich: Ist die umweltpolitisch gewollte und nicht etwa naturgegebene »Wiederkehr« der

---

[227] Frevert: *Mächtige Gefühle*, S. 9.

[228] Eva Illouz: *Die Errettung der modernen Seele*, Frankfurt/M. 2008; vgl. ds.: *Gefühle in Zeiten des Kapitalismus*, Frankfurt/ M. 2006.

[229] Frevert: *Mächtige Gefühle*, S. 49.

[230] Ebenda, S. 37.

Wölfe mittels eines Psychoidioms hinreichend zu erfassen? Wie immer man den Widerwillen gegen die Wolfsansiedlung charakterisieren will, ob als Sorge, Angst, Panik – es bedarf hierzu eines Blicks auf die Lebensrealitäten von Bauern und Schäfern. Eine Sphäre, die Frevert konsequent ausklammert.

»Ein Nachschlagewerk für die deutsche Seele«

»Mächtige Gefühle« steht mit alledem für eine empirisch entkernte und methodisch unbekümmerte Art von Geistesgeschichte. Sie wurde wissenschaftshistorisch oft totgesagt, hat in der politischen Haltungspublizistik jedoch überlebt. Gefühlskundgaben liest die Autorin forsch abbildrealistisch, über die abgebildete Realität besitzt sie feste Meinungen. Was dabei aus dem Blick rückt, ist die gefühlskalte Inszenierung von Gefühlsexpression, ob in Produktbewerbung oder in politischer Bekenntniskultur. Ein Defizit von beträchtlichem Ausmaß, das sich aus dem affirmativen Verhältnis Freverts gegenüber diesen Strategien erklärt. Dementsprechend andächtig-betulich ist der Schreibstil. Einzig die mitunter hervorbrechenden, meist jedoch verdrucksten Ressentiments gegen Ostdeutschland stören den Eindruck eines gelehrten Lore-Romans. Das hat ein Großteil der Kritik zu würdigen gewusst. »Ein Nachschlagewerk für die deutsche Seele«, jubelte der *Spiegel*, das stilistisch, befand der *Freitag*, »wohl noch in hundert Jahren ganz jung wirken« werde.[231]

---

[231] Vgl. die Weihnachtsempfehlungen von *Spiegel online* am 6. Dezember 2020 sowie die Sammelrezension *»Gefühl und Wahrheit«* im *Freitag* vom 25. November 2020.

Die Angebote der Identitätspolitik

Gefühle, mit denen man sich sehen lassen kann, sind Kampf- und Machtmittel der sogenannten Identitätspolitik. Diese folgt älteren Modellen moralischer Selbstinszenierung. Bislang ist sie ein eher westdeutschlandtypisches Medium von Ich-Performance und Gruppenkonkurrenz.

Arbeit am Wesen

Identität ist ein Ausdruck aus der Logik. Er besagt Wesenseinheit, Gleichheit mit sich selbst. Wie kann man damit Politik machen? Der deutsche Begriff ist aus dem Englischen entnommen. *Identity politics* (IP) bezeichnet in den USA seit den 1980er Jahren das politisierte Selbstbewusstsein marginaler oder diskriminierter, in jedem Fall also markierter Gruppen. Eine provokativ selbstironische Übernahme der ursprünglich abwertenden Markierung *(»nigger«, »kanaks«, »sluts«)* kann bereits Teil von Identitätspolitik und damit Selbstermächtigung sein. Auch wenn die IP heute längst ihre Stars haben mag, die solche Fremdmarkierungen routiniert vorwegnehmen und sich selbst auch vor einschlägiger individueller Erfahrung als benachteiligte Gruppenangehörige positionieren mögen, bleibt ihren Varianten eines gemeinsam: Die annoncierte Identität betont Passives, denn sie begründet sich durch Merkmale, die eigener Gestaltung entzogen sind. Dazu gehören etwa Geburtsort, Hautfarbe, Geschlecht, aber auch ethnische Herkunft, dialektale Prägung, religiöse Erziehung.

Die formale Gleichheit, wie einst den Vernunftsubjekten des klassischen Bürger- und Menschenrechtskatalogs verheißen, unterlaufen derartige Merkmale somit. Ein ausdrücklicher und ausschließlicher Bezug auf sie könnte daher zweierlei bedeuten: *entweder* die endlich vollständige Einlösung formaler Gleichheitsversprechen, etwa durch Ausgleich ungleicher Konkurrenz- und Aufstiegsbedingungen (in *Affirmative Action* oder positiver Diskriminierung), *oder* einen entschiedenen Rückgriff hinter die Regulative formaler Gleichheit, und zwar auf bleibende, materiale Differenzen zwischen Individuen oder Gruppen. Identitätspolitik: Radikalisierte Emanzipation oder reaktionäres Schmollen?

Was Freunde und Gegner der IP oftmals verbindet, ist die Auffassung von Identität als Konstruktion, als künstliche und dadurch autonome Formgebung: »Eine Frau ist eine Person, die sich selbst als Frau definiert.« (Lisa Paus)[232] Das Material für die identitäre Form ist seinerseits nicht konstruierbar. Doch fällt dieser materiale, ob durch Einzelwissenschaften oder Alltagsbewusstsein bestimmte Aspekt von Individualität meist unter die Kategorie des Wesens oder der Essenz. Sie gilt identitätspolitisch unter dem Titel Essentialismus wiederum als Verkürzung oder Verdinglichung von komplexeren Verhältnissen, meist von Machtverhältnissen. Wer aber Wesenszuschreibungen für durchweg konstruierbar und daher auflösbar hält, gar für ihre öffentlich-moralisch regulierte Zuschreibbarkeit streitet,

---

[232] Zit. nach: Jens Peter Paul: *»Grüne verheddern sich in Vielfalt«*, in: *Cicero online* vom 12. März 2023.

billigt ihnen damit leicht den Status platonischer Wesenheiten zu. Denn die sozial, das heißt vor allem sprachlich weiterhin gebräuchlichen oder zumindest erinnerlichen Prädikate, von den als irreal erwiesenen Subjektkonstruktionen gelöst, können so ihrerseits Subjekt- und Realitätsrang gewinnen. Das frei Konvertierbare beweist in sich selbst dingliche Festigkeit. Deshalb kursieren gerade beim guten Vorsatz zur IP-Akkuratesse oft recht klischeehafte Vorstellungen etwa von Geschlechts- oder Volkseigentümlichkeiten. Ja, es scheint sogar, als ob der identitätspolitische Konstruktionsgedanke besonders stark auf derlei angewiesen ist. Denn auch wer zum Beispiel kein Mann mehr sein oder nicht als *»kanak«* bezeichnet werden will, muss ja ein sozial verbindliches Wissen davon haben, was diese Ausdrücke bedeuten.[233]

Woher stammt dieses Wissen? Identitätspolitische Konstrukteure beziehen sich nicht anders als seit je politische Akteure auf atmosphärisch spürbare Konfliktlagen. Sie werden auf den Begriff gebracht, werden gängige Wortmünze und politisches Machtmittel. Das Material, das solche Begriffe füllt, liefern Alltagswelt und Realgeschichte.

Das war auch bei den Vorstellungen, Phantasien, Halluzinationen rund um das deutsch-deutsche Verhältnis nach 1990 so. In ihnen bildete sich das spürbar veränderte Beziehungsdreieck von Erster, Zweiter und Dritter Welt ab.

---

[233] Ein früher Klassiker zur Thematik und zugleich ein musterhafter Versuch sprachlicher Wendung von Fremd- in Selbstbestimmung ist Feridun Zaimoglus *Kanak Sprak – 24 Mißtöne vom Rande der Gesellschaft*, Hamburg 1995.

Die Zweite Welt des Realsozialismus war als staatlich-militärische Form zerfallen. Als Puffer zwischen Dritter und Erster Welt, zwischen Weltelend und Weltwohlstand schied sie aus. Zerbrochen war auch »der Osten« als verlässliches Negativ von freier Welt und Wohlstandswesten. Dessen geographisch vorgeschobener Teil war die Bundesrepublik gewesen. Bereits vor der deutschen Einheit, kurz nach dem Mauerfall, blühten dort Visionen östlicher Bedrohung, zumindest pauschale Ängste vor sozialem Gemütlichkeitsverlust. Letzterer drohte seit der ungarischen Grenzöffnung im Sommer 1989, durch die stramm westwärts wandernden Arbeitsreserveheere. Westdeutschlands Sorgen kreisten um den Wohnbedarf, bald auch um den ökonomischen Leistungsfuror dieser ostdeutschen Migranten.

Von etwas anderer Art waren Ängste, die in Westberlin umgingen. Revolutionsveteranen, Projektkulturbürger, Alternativhausbewohner – sie alle argwöhnten eine Invasion neuer, konkurrierender Fördermittelkollektive. Die selbst gefertigte Heimatnische schien in Gefahr. Westberlin war um 1989/90 das Habitat eines oft angestrengten Antispießertums, ein Konzentrat von extrem milieubedürftigen und meinungsbestimmten Westdeutschen, die am liebsten unter ihresgleichen waren. Mit den Erfolgen ihrer Alternativen Liste winkte ewige Szeneförderung. Doch hätte die alternativkulturelle Klientel weiterer Ummauerung bedurft, um endlos am westdeutschen Subventionswesen teilhaben zu können. Eine Flut von Hass- und Schmähliteratur ergoss sich folglich gerade aus der linksalternativen Szene über die DDR-Schaufensterbummler vom November 1989. Ihre bloße Anwesenheit in Westberlin erregte Abscheu. Wer sich in diesen Tagen mit Trabant oder Wartburg in Berlins Westen gewagt hatte, fand später manchmal zerschnittene Reifen, gar ein ausgebranntes Gefährt vor.[234]

Kollektive Identitäten, identitäre Imaginationen, imaginäre Allianzen

In derlei gefühls- und tatkräftigen Antipathien begann sich ein westliches Allgemeinbewusstsein zu artikulieren und zu verfestigen, in dem politisch bislang getrennte Milieus zueinanderfanden. Von Adenauers Erben bis zum sogenannten Alt-68er sprach man zusehends nostalgisch von der alten Bundesrepublik, von einer nun für immer »beschädigten Republik« (Wolfgang Herles).[235] Auch die Weltdeuter des deutschen Westens wurden sich seit 1990 rasch einig gegenüber dem Osten. Auf der historischen Tagesordnung standen jetzt »nachholende Modernisierung« (Jürgen Habermas) und »Verwestlichung des Ostens« (Heinrich August Winkler).[236] Der Westen war all das, was der Osten

---

234 Letzteres geschehen wenige Tage nach der Maueröffnung in Hannover; vgl. die Zeitungs- und Zeugenberichte bei Jens Balzer: *No Limit. Die Neunziger – das Jahrzehnt der Freiheit*, Berlin 2023, S. 38f.

235 Vgl. Wolfgang Herles: *Wir sind kein Volk. Eine Polemik*, München [3]2004, S. 13. Gertrud Höhler, Politikberaterin ungenannter Klienten, äußerte in *»Günther Jauch«, ARD*, 26. August 2012: »Merkel hat von der guten alten Bundesrepublik keine Ahnung«, komme sie doch »aus einem Scheißland mit einer lausigen politischen Klasse.«

236 Von den nach 1990 aufgestiegenen Ex-Linken der BRD sagte Heinrich August Winkler: »Statt auf eine Verwestlichung des Ostens zu setzen,

– in einem bald exklusiv auf Ostdeutschland begrenzten Sinn – noch nicht war. Die Konstrukte einer *West-Identität als Normal-Null*[237] von Sprache wie Geschichte machten sie zugleich zum Ziel von Sprache und Geschichte, versetzten sie auf die einzige feste Position, welche eine historisch heftig bewegte Welt umwogte. Würde der Westen dem Druck dieser Bewegungen in Zweiter und Dritter Welt, auch der zugehörigen Begehrlichkeiten standhalten?

Veränderungs- und Verlustängste zeigten sich bald in ihrem gesamtdeutschen Ausmaß. Nach 1989 beschränkten sich Massenausschreitungen gegen Nichtdeutsche oder auch nur als solche gelesene Menschen nicht länger auf Westdeutschland. Frischgebackene »Ostdeutsche« etwa in Rostock-Lichtenhagen machten als fremdenfeindliche Randalierer von sich reden. Markiert als zugleich sozial und moralisch depraviert, stand »der rasende Mob«[238] weit über die frühen Neunziger hinaus im Fokus bundesdeutscher, damals also rein westdeutsch geführter Medien. Der Unterschied zu deren Blick auf Ausschreitungen in Mölln, Solingen, Hamburg, Saarlouis und anderen westdeutschen Städten war manifest. Dort gab es Tote, in Rostock gab es

---

fürchteten sie eine Verostung des Westens und in deren Folge einen Rückfall in einen überwunden geglaubten deutschen Nationalismus.« (ds.: *Auf ewig in Hitlers Schatten? Über die Deutschen und ihre Geschichte*, München 2007, S. 172).

[237] Anscheinend wurde dieser Ausdruck systematisch erstmals in folgender Studie beansprucht: Kersten Sven Roth/Markus Wienen (Hrsg.): *Diskursmauern. Aktuelle Aspekte der sprachlichen Verhältnisse zwischen Ost und West*, Bremen 2008, S. XV.

[238] Für dessen frühzeitige Verdichtung zum Typus durch das bald so genannte antideutsche Milieu vgl. den Klassiker von Klaus Bittermann: *Der rasende Mob: die Ossis zwischen Selbstmitleid und Barbarei*, Berlin 1993.

eine diesbezüglich erwartungsvolle Live-Berichterstattung durch *ARD* & Co. Hinzu kam die mediale Umarmung der bedrängten Minderheit (ob Roma, ob Vietnamesen) durch einen demonstrativ wertewestlichen Meinungsbetrieb. Die nachträgliche, überaus feinfühlige Sorge etwa um die Unterbringung ausländischer Vertragsarbeiter und Auszubildender in der DDR nahm hier ihren Ausgang; sie sollte bis heute nicht abreißen.[239]

Plötzlich konnten Angehörige der Unterschicht heftige Anteilnahme erwecken. So viel Sympathie hatten sie in bundesbürgerlichen Medien bis 1989 nur erlangen können, wenn sie gegen ihren Staat rebelliert hatten wie am 17. Juni 1953. Was hier seine Schatten vorauswarf, war ein symbolisches, oft postumes Sichanbiedern politischer, medialer, wissenschafts- und kulturbetrieblicher Eliten des Westens bei migrantischen Minderheiten in SBZ/DDR/Ostdeutschland. Die Antipathie gegen die Deutschen im Osten ging einher mit einer forciert wirkenden Sympathie für die dort verbliebenen Nichtdeutschen, wie eben jene Ex-Vertragsarbeitskräfte, von denen man im Westen bis vor kurzem kaum etwas gewusst hatte. Die 1990 medial und performativ entstehende alte Bundesrepublik – das war genau jener Westen, der sich immer schroffer als Weltoffenheitszone versus National-

---

[239] Die Interpretation des Vertragsarbeiter-Komplexes innerhalb eines anderen historischen Rahmens, als es die westliche »Gastarbeiter«problematik darstellt, hat Katja Hoyer heftigen Rezensentenzorn zugezogen. In *Diesseits der Mauer*, S. 392, hatte sie geschrieben: »Es war nie geplant, die DDR in eine Einwanderungsgesellschaft zu verwandeln, wie es in westlichen Nationen verstärkt der Fall war. Die Ideale ethnischer und kultureller Vielfalt auf die DDR zu projizieren, wie sie die Masseneinwanderung in kapitalistischen Nationen mit sich brachte, wäre anachronistisch und irreführend.«

provinz à la Post-DDR inszenieren würde, zumal angesichts der weltweit anschwellenden Immigrationsbewegungen.

Als deren bedrohliche Vorhut galten die Ostdeutschen nicht wenigen Altbundesdeutschen in Politik, Kultur, Medien. In den ersten Einheitsjahren wurden altbundesdeutsche Ängste und Animositäten gegenüber Ostdeutschland oftmals durch einen satirisch verbrämten Schmähhumor ausgelebt, wie er sich im Aktionsbereich sogenannter Comedians etabliert hatte.[240] Deren pöbelndes Wir-Gefühl bildete gleichsam ein trivialkulturelles Pendant zum triumphierenden Marktfundamentalismus und seiner Spaßgesellschaft. Politisch-moralisch ambitioniertere Gedankenspiele rings um deutsche oder nichtdeutsche Identität reflektierten die »Massenzuwanderung« seit dem 25. Einheitsjahr. Sie waren meist das Werk professionell damit befasster Personen und Milieus. Gerade durch ihren professionellen Erfolg konnten sie sich als Vorbild für die jüngst Eingewanderten und Heimatlosgewordenen empfehlen. Ein Angebot an diese war: Durch selbstbewusste Kommunikation sozialer Benachteiligungen zu Identität, durch Identität zu sozialem Aufstieg – musterhaft exerziert etwa in dem Band »Eure Heimat ist unser Albtraum« (2019).[241] Im Ton dieser meist arrivierten »Migrantenkinder« mischten sich Anklage[242] und

---

240 Vgl. hierzu die Stichwörter »Comedians«/»Comedy« in: Vf.: *Die Sprache der Einheit*, S. 92f.

241 Hrsg. von Fatma Aydemir und Hengameh Yaghoobifarah, Berlin 2019.

242 Vgl. als einschlägig für diese Wahrnehmung seitens transatlantischer, prozionistischer, im weitesten Sinne springernaher Milieus die Rezension *»Migrantische Weinerlichkeit«* in: *Jungle World* vom 28. Februar 2019.

Triumph,[243] doch wirkte dies vielfach selbstreferentiell. Die von Identitäts- unabtrennbare Symbolpolitik – Gesicht zeigen, Farbe bekennen, Zeichen setzen usw. – hatte hier offenkundig eine eigenständige Sphäre erzeugt. Sie konzentrierte sich in einer Schicht, die auf soziale Anerkennung und staatliche Förderung ihrer Eigenständigkeit vertrauen kann. Wer in diesem Kontext, unter diesen Bedingungen von Identität spricht, wird mehr wollen, als ein affektives Grundrauschen des »Mir san mir« politisch zu artikulieren.[244] Er wird den Anspruch erheben, eine Arbeit zu leisten, Argumente zu liefern. Doch für wen eigentlich? Und gegen wen?

Identitätspolitisch Engagierte betrachten sich selbst als exemplarische Vertreter von Gruppen.[245] Deren soziale

---

243 Als eine der letzten wie eine von vielen Stimmen aus dem triumphalen Genre sei jene von Behzad Karim Khani zitiert: »Wir Migranten werden dieses Land wohl erben. Wir könnten also auf Zeit spielen. Eine Zeit, die sie [die Deutschen] nicht haben.« (ds.: *»Integriert Euch doch selber!«*, in: *Berliner Zeitung* vom 10. Januar 2023).

244 Auf den ersten Blick unterscheidet dieses Bekenntnis zur eigenen Wesenskonstanz, genauer: zu reflexiv nicht auflösbaren, der Person inhärenten Eigenschaften eine *rechte* gegenüber – heutiger – *linker* Identitätspolitik. Gemeinsam ist beiden jedoch die Berufung auf ein primär passives und negatives, weil von außen – durch Zuschreibung, Markierung, Diskriminierung – verursachtes Erlebnis, aus dem überhaupt die je eigene Identität zu artikulieren, zu problematisieren oder zu konstruieren ist.

245 Der Begehr nach »Repräsentiertheit« richtet sich ausdrücklich auf ihr faktisches, zum Beispiel ethnisches oder sexuelles Sein, nicht auf ein politisches Tun, bleibt also ein Phänomen des kulturbetrieblichen Überbaus. Dessen Sprache hat sich längst zu einem eigenen Argot verselbständigt. Es ist ob seiner gehaltlosen Dringlichkeit nicht ohne Komik: Hier »fühl ich mich so wahnsinnig repräsentiert«, bekannte etwa die Publizistin Mithu M. Sanyal bei der Vorstellung ihrer Playlist im *Deutschlandfunk*, »Klassik-Pop-etcetera«, 17. Juni 2023.

Erfahrungen, meist Erfahrungen einer benachteiligten oder zumindest auffälligen Minderheit, sind im identitätspolitischen Argumentieren solcher repräsentativ fühlenden und agierenden Individuen verstetigt. Häufig versuchen die identitätspolitisch Engagierten für eine Gruppe zu sprechen, die ihre berechtigten Interessen gegen eine andere – in der Regel »privilegierte« – Gruppe am besten durchsetzen könne, wenn sie sich auf Interessengemeinschaft mit einer dritten Gruppe beruft. Als solche Interessenbündnisse sind seit der Deutschen Einheit drei identitätspolitische Allianz-Imaginationen im Angebot.

Allianzangebot 1:
»Weltbürger« und »Ausländer« versus »Neubürger«

Die DDR-Gesellschaft unterlag einem staatlichen und ideologischen Vereinheitlichungsdruck, dem ihre Bürger oft in umso stärkere, dann nicht mehr gesellschaftlich sichtbare und wirksame Individualisierung auswichen. Im Gegensatz dazu stand bis 1989 die kulturelle und ideologische, damals oft noch parteikonforme Parzellierung der BRD-Gesellschaft. Sie entsprach dem pluralistischen Selbstbild dieses Landes und ermöglichte Karrieren durch sichtbare Milieuloyalität. Die Idiome solcher Korporationsidentitäten hatten die Aufstiegsgewillten des Westens jeweils früh verinnerlicht. Akademische Schulen, politische Strömungen, Yacht- und Dinnerclubs mit Wertorientierung, seit den 1970er Jahren aber auch schon erste Stadtteil- und Selbsthilfe-Netzwerke garantierten seelisches wie soziales Sicherheitsgefühl durch

Gruppenbildung. Das galt erst recht für die Abgrenzung gegen jene Nicht-Bundesdeutschen oder erst nach und nach Eingebürgerten, welche die westdeutsche Mehrheitsgesellschaft lange in ghettoartigen Ansiedlungen verwahrt wusste. Die sogenannten »Gastarbeiter« waren im Westen jeweils klar definierte und eingehegte Minderheiten.[246] Das oft auch räumliche Nebeneinander der verschiedenen Bevölkerungsgruppen blieb bis 1990 zumeist unproblematisiert. Innerhalb der altbundesdeutschen Bevölkerungsmehrheit deckten sich weithin ethnische Identität und sozialer Status, wenngleich ihr Verhältnis – verglichen etwa mit der britischen Klassengesellschaft – in der BRD flexibler war: Man konnte sich durch bestimmte Anpassungs- und Unterwerfungsleistungen, etwa parteisprachlicher Art, aus seinen sozialen Herkunftsmilieus emporarbeiten. Gerade die jüngeren, rot-grünen Machtaspiranten, die vor 1989 bereits in den sozialen Startlöchern scharrten, verkörperten massenhaft dieses Aufstiegsmodell.

Demgegenüber war der soziale Begegnungs- und Konfliktraum in der Ost-Gesellschaft bis 1989 durch eine zentrale Macht geschaffen. Öffentlichkeit existierte nur, sofern sie der Staat wollte oder duldete. Sie hatte dadurch kommunikative und moralische Verbindlichkeit, nicht zuletzt dank der sozialen Beobachtungsdichte. Man musste sich vor jedermann zeigen, konnte sich vor jedermann kompromittieren. Tragische Begegnungen des oft ohnmächtigen Einzelnen

---

[246] Ein älteres Einhegungssymbol als das sogenannte Nationalitätenrestaurant ist das Schild am bundesdeutschen Gasthaus der 60er Jahre, das jene Nationalitäten benennt, deren Zutritt unerwünscht sei.

mit Staatsmacht und Kollektivdruck waren nicht selten. Das Gezwungensein ins Offene solcher Bewährung ist bis heute ein Lieblingstopos der Bürgerrechtlerliteratur, zudem reformsozialistischer Nostalgien von Wendezeit und Drittem Weg.[247] Milieus konnten schützen, waren oft aber ihrerseits nicht geschützt.

Die soziokulturell stärker parzellierte und diese Parzellierung als Pluralismus hochhaltende Westgesellschaft ersparte den Einzelnen die osttypischen Begegnungs- und Bewährungssituationen. An einem moralisch verbindlichen sozialen Resonanzraum fehlte es dort somit. Das bedeutete eine weitgehende Entlastung der Alt-BRDler vom Druck, mündiges Individuum, gar auf sich selbst gestelltes Subjekt zu werden. Ihr bloßes Dasein in einer freiheitlich-demokratischen Struktur schien Subjektwerdung politisch zu erübrigen, während sie konkurrenzökonomisch wiederum mit Selbstobjektivierung zusammenfiel, zuletzt dank einer selbstbestimmt erzeugten Identität.

Mit Wendezeit und frühen Einheitsjahren wurde diese Sozialisierungsdifferenz Ost/West unübersehbar. Zwei ungleiche Großgruppen Deutscher rekurrierten auf geschichtlich gänzlich verschieden begründete Identitäten. Der materiell-ökonomischen Verachtung für Deutschlands Osten entsprach bald eine moralisch-kulturelle Verachtung für Deutschlands Westen. Ein europäischer Dramatiker sah die

---

[247] Als exemplarisch für letztere seien die Erinnerungen genannt, die Klaus Wolframs Rede vor der Akademie der Künste am 8. November 2019 beschwor. Sie erschien unter dem Titel *»Das Ende der Revolution«* in der *Berliner Zeitung* vom 6. April 2020 und stieß dort auf heftigen Widerspruch.

Differenz so: »Im Stalinismus sind viele Subjekte untergegangen, aber überleben konnte man auch nur als Subjekt. Im Kapitalismus kann die Mehrzahl nur als Objekt überleben. Hier ist einfach der härtere Parcours. Wenn im West-Aquarium mal ein Subjekt auftaucht, versammeln sich sofort vierzig Therapeuten und machen es zum Objekt.«[248]

Das ist mehr als eine kapitalismuskritische Pointe. Denn wo die objektive Gestalt sozialen Erscheinens gewählt werden kann, da muss es ein schon bestehendes Angebot geben, aus dem sie gewählt werden kann. Die subjektive Freiheit bleibt untrennbar vom Zwang zur kulturellen Selbstobjektivierung. Etwas aus sich zu machen heißt somit nicht weniger, aber auch nicht mehr, als einer vorgegebenen Idee von sich selbst zur Sichtbarkeit zu verhelfen. Vor einem Halbjahrhundert sprach man im Westen pathetisch vom Leben als einem *Projekt*, das zu verwirklichen sei. Das war strikt auf ein individuelles Leben bezogen. Die kulturelle Selbstobjektivierung in einer Identität hingegen braucht und schafft Milieus. Insofern verrät ein Bedürfnis *nach* IP, ja bereits ein Verständnis *für* IP seinerseits meist eine westdeutsche Sozialisierung. Westdeutschland erwies sich nach 1990 als ein Land von Milieukollektivitäten dank Identitätsangeboten, Ostdeutschland als eine Landschaft von Individuen auf fragmentierter Herkunftsbasis. Genauer: von Subjekten im doppelten Sinne, denen der

---

[248] Für *FAZ*-Redakteure auch im dritten Einheitsjahrzehnt weniger ein deutscher Dichter denn vielmehr ein »Ost-Berliner« (Gerhard Stadelmaier) bzw. »Protestdramatiker« (Simon Strauß): Heiner Müller: *Gespräche 2: 1987–1991* (= *Werke*, Bd. 11), hrsg. von Frank Hörnigk, Frankfurt/M. 2008, Gespräch mit Frank M. Raddatz, S. 666–689, hier: S. 688.

Staat (Besitzer dieser *subiecti*, lateinisch für Untertanen) abhandengekommen war. Sie waren dadurch in einem stärkeren Maße auf sich selbst zurückgeworfen, auch eher klassisch-bürgerlichen Wettbewerbsideen zugeneigt: Selbstverantwortung, Leistungsbereitschaft, Gleichberechtigung statt Gleichstellung, Minderheitenschutz, Quotenkämpfen.[249]

Die Bereitschaft vieler Ostdeutscher zu ökonomischer Selbstausbeutung und maximaler Leistungskonkurrenz war durch den Mangel ererbten Kapitals sowie beruflicher Aufstiegschancen im Beitrittsgebiet forciert. All das barg Erschütterungspotential und konnte Altbundesdeutsche beunruhigen. Sie hatten sich berechtigte Hoffnungen gemacht, ihre Lebensläufe in weitgehend schicksalsfreien Sozialparzellen zu absolvieren. Darin wären sie ähnlich geschützt geblieben wie ihr Land, das aus der deutschen Nationalgeschichte glücklich in eine Kunstwelt aus provinziellem Glück und weltläufigem Konsum – freundlicher: von materiellen wie kulturellen Werten – entkommen schien. Die neue Gefahr aus dem Osten drohte ökonomisch unmittelbar in Gestalt von Dumping-Malochern, zu allem bereit und befähigt. Zunächst als nachholbedürftige Konsumtrottel und »Erstklässler in der Schule der Verwöhnung« (Botho Strauß) verhöhnt, dann als unsolidarische »Avantgarde des Amerikanismus« (Heinz Bude) denunziert, verstörten sie die altbundesdeutsche Nischengesellschaft.

[249] Vgl. Detlef Pollack: *Das unzufriedene Volk. Protest und Ressentiment in Ostdeutschland von der friedlichen Revolution bis heute*, Bielefeld 2020, S. 157.

War deren Statik, gar ein bislang unbefragtes Selbstverständnis West bedroht?

Die sogenannten Neubürger waren schulisch und beruflich gut ausgebildet, nicht selten überqualifiziert. Bald nach 1990 machten im Osten zahlreiche Berichte über das inferiore Durchschnittsniveau westdeutscher Schul- wie Berufsbildung die Runde. Der zivilisatorische Vorsprung des Westdeutschtums schien fraglich. Es suchte diesen Vorsprung zunächst politisch-moralisch (40 Jahre Erfahrungsplus in Sachen Demokratie und Pluralismus), bald kulturell zu reformulieren, meist durch aufdringlich betonte Weltoffenheit. Print- und Funkmedien der Alt-BRD ventilierten einen klischeestarren West-Ost-Vergleichsdiskurs. Alle Westdeutschen schienen darin zu freiheitlich-demokratischen Großstädtern mit Hochschulabschluss mutiert, die sich einer dumpfen Masse ländlicher und kleinstädtischer Prolls gegenübersahen; Menschen also, »die wirklich nicht gut ausgebildet« waren (Uschi Glas).

Die fabrikneue, übereifrig herumgebotene Identität »westdeutsch« beanspruchte ein Set von Weltläufigkeitsrequisiten. Zu diesen gehörten der mediterrane Strohhut im Urlaubsland und der Studienaufenthalt in den Staaten – und sei's in einem *fly over state* – ebenso wie die vertraulich-kumpelnde Rede von »den Alliierten«. Vor allem aber das Bekenntnis: »Ich fühle mich eigentlich nicht als Deutscher, sondern als Weltbürger.«[250] Die überlegene Distanz dieser

[250] Vgl. das Feature von Martin Ahrends *Ihr verbrauchten Verbraucher!*, worin junge Westdeutsche von ihren (eigentlichen) Heimatländern Italien, Griechenland usw. schwärmen.

westdeutschen Identität zum Osten ergab sich zwanglos aus dem Geburtsort der Weltbürger, zu denen auch nachgeborene Ostler niemals gehören würden. Mit den Worten eines Musterwestdeutschen: »Sie wollten unser Geld, unsere Freiheit, unsere Bücher«.[251] Gemeint war eine Freiheit der Wahl aus politischem, kulturellem, ethnischem Angebot. Der konsumtive Stil bestimmte noch stärker nach 1990 das Verhältnis der Mehrheitsgesellschaft West zu all jenen, die sie als nicht indigen westdeutsch ansah; exemplarisch der Jovialitätsklassiker »Einige meiner besten Freunde sind Türken.«[252] In derlei Wohnortstolz und Wahlfremdenliebe setzte sich eine jahrelang eingeübte Autosuggestion des deutschen Westens fort. Um sich im Unterschied zum ostdeutschen Anschlussgebiet die längere bzw. tiefere Erfahrung mit kultureller Fremdheit zuschreiben zu können, musste er diese Fremdheit an »seinen«, sei es auch längst eingebürgerten Einwanderergruppen besonders betonen. Identität schien frei kompo-

---

[251] Vgl. Maxim Biller: *»Die Ossifizierung des Westens. Deutsche deprimierte Republik«*, in: *FAS* vom 22. März 2009.

[252] Vgl. dazu den Publizisten Jan Fleischhauer, der in seine eigenen »Probleme mit Andersartigkeit« so einführte: »Ich bin gerne in den neuen Bundesländern, einige meiner besten Freunde kommen von dort.« (ds.: *»War die Wiedervereinigung ein Fehler?«*, in: *Spiegel online* vom 15. Dezember 2015). Die tückisch-herablassende Version solcher Umarmungen bot ein Essay des Politologen Wolfgang Pohrt, in projektiver Umkehr betitelt *»Hass gegen den Rest der Welt«*. Dort heißt es: »Die Ossis, sagt der westliche Volksmund, sind sogar schlimmer als die Türken, gehören auf den allerletzten Platz der Sozialskala«, was letztere genauso sähen: »Warten zwei DDRler bei Aldi 20 Meter vor der Kasse. Mosert der eine: ›Das ist ja wie früher bei uns. Zum Schlangestehen sind wir nun wirklich nicht rübergekommen.‹ Dreht sich vor ihnen ein Türke um und sagt streng: ›Wir euch nix gerufen‹« (in: *Unter Zonis*, hrsg. von Klaus Bittermann, Berlin 2009, S. 32–42, hier: S. 42).

nierbar, jedoch aufgrund allein in Westdeutschland vorfindlicher und nunmehr entschieden bejahter Kulturspezifika.

Heute sehen sich die älteren Platzhirsche weltoffener Westlichkeit bedrängt durch den identitätspolitischen Nachwuchs.[253] Doch dessen Minderheitsmarketing ist durch erstere vorbereitet. Man denke an das politromantische »Ausländer, lasst uns mit diesen Deutschen nicht allein!« oder an das paternalistische »Mein Freund ist Ausländer«. Derlei vorzeigbare Sentiments und Sympathien wurden sinnbildlich für die späte Bundesrepublik. Sie fügten sich in einen allgemeinen Trend zu sozialer Distinktion durch kulturelle Symboltat. Die späte Empathie für die türkischen Gastarbeiter und ihre Integrationsschwierigkeiten, bald aber auch für die nicht-politischen Opfer des NS hatte im Medien-, Wissenschafts- und Kulturbetrieb oft eine Spitze gegen die DDR. Da diese nicht mehr existierte, hielt man sich an ihr Nachfolgekollektiv, die Ostdeutschen. Sie schienen als störende Ureinwohner-Identität einer – inzwischen definitiv zur Weltoffenheit transformierten – bundesrepublikanischen Weltläufigkeit entgegenzustehen.

Seit 1990 hatte der deutsche Westen zwischen den Extremen von moralischer Supermacht und materieller Seligkeitsinsel oszilliert; eine Wirtschafts- und Verfassungs-

---

[253] Häufig realisiert entlang der Wechselvorwurfsstruktur Antisemitismus versus Apartheid; als hierfür repräsentativen Zank vgl. Maxim Biller: *»Partisanenlieder: Der linke Intellektuelle Max Czollek und seine komplizierte Biografie«*, in: *Zeit online* vom 11. August 2021.

nation, kein Nationalstaat. Besonders die älteren Ostdeutschen, durch Krieg und Nachkriegserleben jahrzehntelang Nettozahler des verlorenen Weltkriegs, folglich weniger kriegslustig als der deutsche Wertewesten, dienten zu dessen Identitätsvergewisserung auf negativem Wege: Die »Ostler« galten der Anti- oder Nicht-Nation BRD als wertеferne Autoritarier, als fremdenfeindliche Fremdkörper im Weltoffenheitsleib. Mit Beginn der russischen Invasion 2022 wurden sie durch Westdeutschlands Heimatmedien zudem als nationalegoistische oder DDR-nostalgische Russlandfreunde, gar als »Putinversteher« markiert. Was dieser älteren ostdeutschen Generation dadurch bestritten wurde, fehlte im deutschen Westen tatsächlich, nämlich eine historisch erfahrungsgegründete, nicht abstrakt-moralisch oder meinungsbetrieblich erzeugte Identität. Kurz nach dem DDR-Anschluss hatten noch viele BRD-Konservative gerade in den Ostseelen eine nationale Katastrophenerfahrung bewahrt gesehen. Für eine solche haben die meist ungedienten grün-gelb-roten Bellizisten der Alt-BRD und neuen Fans der osteuropäischen Nationalidentitäten keinen Blick mehr. Im Gegenteil: Hatten die Osteuropäer nach dem Zerfall des Sowjetimperiums nicht viel härter bezahlen müssen als die Ostdeutschen, die doch weich gefallen waren ins westdominiert-sozialstaatliche Einheitsdeutschland? Bereits 1989/90 hatten publizistisch umtriebige Wertewestler gern die Freiheitsliebe der Osteuropäer mit dem Wohlstandsverlangen der Ostdeutschen kontrastiert. Unter allen Ostblocknationen schien allein den Ex-DDRlern die Russlandbindung eine Herzenssache zu sein. Gegen diesen vermeintlich sowjetrussisch dauerinfizierten deutschen Osten – autoritär, nationalprovinziell, gewaltlüstern – wurde seit 2022 ein imaginärer Weltläufigkeitsblock nordamerikanisch-westdeutsch-osteuropäischer Provenienz mobilgemacht. Große Teile der einst tiefgrünen Kultur- und Medienbourgeoisie erwiesen sich als Springer-kompatibel. Die Front des Ossihasses reicht heute von der transatlantisch konvertierten Westlinken über versprengte »Antideutsche« bis zu den CDU-Granden in Politik, Rüstung, Außenwirtschaft, die Konservatismus seit je als Konservierung westdeutscher US-Loyalität buchstabieren.

Allianzangebot 2: »Deutsche Interessen (West)« und »Deutsche Interessen (Ost)« versus »ausländische Interessen«

Auf den ersten Blick ist diese Kombination politisch eindeutig und ausschließlich rechts angesiedelt. Ideenstrategische Projekte der frühen Neunziger rings um eine »selbstbewusste Nation« waren älteren, exklusiv bundesdeutschen Traditionen des Nationalkonservativismus verpflichtet.[254] *Der Osten* bedeutete diesen Milieus eine Land-, Bevölkerungs- und nun auch Wählermasse, die es zu gewinnen galt. Doch war all dies öfter nationale Nostalgie denn identitätspolitische Strategie. Der neue Nationalismus orientierte sich statt an Traditionen und Brauchtümern zusehends an zeitgeschichtlichen Zäsuren. Dauerthemen wurden deutsche

---

[254] *Die selbstbewusste Nation. »Anschwellender Bocksgesang« und weitere Beiträge zu einer deutschen Debatte*, hrsg. von Heimo Schwilk und Ulrich Schacht, Berlin 1994.

Wirtschaftskraft und deutscher Sozialstaat. Letzterer sei durch unkontrollierte Masseneinwanderung, inzwischen auch durch eine neue Pluralität von Machtblöcken bedroht. Somit stelle sich die Frage nach »deutschen Interessen« neu: Sie erscheinen nun stärker denn je als die Interessen von »schon länger hier Lebenden« (Angela Merkel), die ökonomischen Wohlstands- und weltpolitischen Machtverlust zu gewärtigen hätten. Quantität schlage in Qualität um, der Verlust der nationalen Identität des Landes gehe einher mit seinem wirtschaftlichen Abstieg.

Der Akzent jeweils auf Kulturverlust oder Wohlstandsrückgang trennt die deutsche Rechte in zwei deutlich geschiedene Lager. In jedem Fall aber kann der Ruf nach Wahrung »deutscher Interessen« durchaus auf eine Zurückstellung von innerdeutschen Differenzen lauten. Sie schrumpfen der rechten bzw. nationalkonservativen IP zum Sekundärkonflikt angesichts globalökonomischer wie geopolitischer Erschütterungen. Diese würden den Nationalstaat als so wertvoll wie zerbrechlich zeigen. Spätestens jetzt müsse man in ihm die Grundbedingung wirtschaftlicher Souveränität, politischer Emanzipation und wohlfahrtlicher Ansprüche erkennen. Seine Leistungen erwiesen sich als die oft vergessene Basis aller liberalen, sozialen wie egalitären Emanzipationsprojekte der letzten 250 Jahre. Nationalisten und Nationalkonservative reklamieren politischen und historischen Realismus. Sie drängen – gegen den linken wie den liberalen, als abstrakt und illusionär abgelehnten Menschheitsbegriff – aufs Konkrete, Sichere, Eigene, das allein ethnisch bestimmbar sei.

Dass West und Ost in einem »deutschen Volksstaat« dichter zusammenrücken müssten gegenüber multikulturell geprägten Großstädten und einer sozialstaatlich herausfordernden Einwanderung, ist eine Formel der Neuen Rechten.[255] In deren Argumentation gelten die Migrationsströme aus den Kriegs- und Armutsregionen Afrikas und Asiens in die Wohlstandszonen Europas immer häufiger aber auch als Effekt US-amerikanischer, ihrerseits nationalistischer Interessenpolitik in jenen Ländern. Einiges in der neurechten Feindbildschau zielt gegen eine bedingungslose Westblock-Loyalität und ihre unipolaren Implikationen.

Pikanterweise werden solche Ideen nicht mehr nur von sogenannten Ewiggestrigen, sondern von waschechten Wertewestlern und einstigen Ostdeutschenerziehern wie Klaus von Dohnanyi[256] vorgetragen. Man denkt über die US-amerikanischen Interessen in Osteuropa wie Nahost

---

[255] Die ältere bundesrepublikanische Rechte (vor allem die »Republikaner«) bespielte nach 1989 kurzzeitig westdeutsche Ängste vor anrückender Wirtschaftsmigration aus Ostdeutschland. Das ist inzwischen anders. Eine neurechte Essayistin, laut Eigendarstellung »2013 von einem westdeutschen Dorf nach Chemnitz gezogen«, möchte Ost- und Westdeutsche von der »gegenseitigen Unwissenheit« befreien. Die gemeinsame Erfahrungsrealität der Deutschen ist laut Autorin ein anrückender Orient und das Gebotene eine nationale Abwehrfront: »Nur der Ostdeutsche« »kann dem Westdeutschen zeigen, wie ein lähmender Zustand der Angst und Schicksalsergebenheit durch gemeinsames politisches Handeln gemeistert werden kann. Und nur der Westdeutsche kann dem Ostdeutschen die Anerkennung zuteilwerden lassen, nach dem das verletzte Selbstwertgefühl des Ostdeutschen verlangt.« (Caterina Jahn: *»Innerdeutsche Verletzungen. Die Deutschen dreißig Jahre nach der Wende«*, in: *Tumult. Vierteljahresschrift für Konsensstörung* 2/2019, S. 110, S. 56–59).

[256] Einst: *Brief an die Deutschen Demokratischen Revolutionäre*, München 1990; jetzt: *Nationale Interessen: Orientierung für die deutsche und europäische Politik in Zeiten globaler Umbrüche*, München 2022.

zwar nicht gerade nationalkonservativ oder gar -expansiv, doch zumindest oft nationalökonomisch im Sinne historisch und kulturell gewachsener Wirtschaftsräume.

Eine das deutsche Ost-West-Gefälle übergreifende nationale Identität aus weltökonomischen Erwägungen dürfte jedoch fragil bleiben. Investiert wird nach wie vor in steuerrechtlich begünstigten Zonen. Geld ist nicht patriotisch.

Allianzangebot 3: »Migrantische Minoritäten« versus »Westdeutsche Leitkultur«

Die dritte und jüngste Imagination identitätspolitisch mobilisierbarer Differenzen nimmt die beiden älteren auf. Zur Erinnerung: Eine spezifisch westdeutsche IP seit 1990 nährt sich von vagen Überfremdungsängsten einer alten Bundesrepublik. Bald sollte sie über den jahrzehntelang typischen Begegnungsschrecken: »Iiih, du kommst aus dem Osten?!«[257] hinausgehen. Die neue IP eines nach dem Beitritt entstehenden, altbundesdeutschen Nicht-Ostens präsentierte sich zusehends als moralisch-soziologisch informierter Affekt, näherhin: als Empörung der kulturell Arrivierten über die subkulturell Aggressiven und ihr Ressentiment. Kurz: als Hass der Weltoffenen auf die Hasser alles Fremden. Verständlich daher die bereits erwähnte, nach 1990 rasant gewachsene

[257] Zit. nach: Josephine Machold: *»Meine (un)geteilte Heimat«*, *in*: *UnAufgefordert. Die unabhängige Studierendenzeitung der Humboldt-Universität zu Berlin* Nr. 263 (Februar 2023), S. 7.

Zuneigung zu vietnamesischen Hilfsarbeiterinnen, angolanischen Lehrlingen, mosambikanischen Studenten in der DDR usw. usf. Sie waren und sind für BRD-Besinnungsfeuilleton und öffentlich-rechtlichen Kulturfunk die ewigen Opfer einer dumpfen, als proletarisch, autoritätsfromm und mittlerweile auch »weiß« zu lesenden Bevölkerungsmajorität. Gemeint ist wesentlich »das Volk«, wie es einzig in SBZ und DDR fortwuchern konnte, jene vermeintlich deutscheren Deutschen mithin, so ein aus Nürnberg nach Kreuzberg gezogener Verleger, deren »Alltag schon immer von blankem Neid und spießigem Ressentiment geprägt war.«[258]

Die *Zoni*-Bücher aus Klaus Bittermanns soeben zitierter Eigenverlagsedition Tiamat waren die Spitze eines Eisbergs, der Frontstadt hieß.[259] Die westlich Weltoffenen mit festem Wohnsitz in Berlin ohne Himmelsrichtung oder Frankfurt ohne Flussangabe verbündeten sich nach 1989 ostentativ mit der damals noch exklusiv US-amerikanischen Globalkultur sowie mit den ihnen jüngst bekannt gewordenen Nicht-Indigenen in DDR/Neufünfland. Ob Ex-Vertragsarbeiter, Austauschstudenten oder politisch in ihrer Heimat Verfolgte – sie alle galten den neuen Wertewestlern und Ossihassern nunmehr als Boten der Welt. Hätten sie doch nur ein wenig Lockerheit (Buntheit, Vitalität, Lebensfreude) in den eng-nationalistischen Muff von Unrechtsstaat und Anpasservolk bringen können! Die begriffliche Homogenisierung der hassenden, ergo hässlichen Deutschen im Osten

---

[258] Klaus Bittermann: *Unter Zonis*, Berlin 2009, S. 51f.

[259] Als Herausgeber und Autor: *Der rasende Mob*, Berlin 1993; *Die Gespensterwelt der Ossis*, Berlin 1995; *It's a Zoni*, Berlin 1999; *Unter Zonis*, Berlin 2009.

entsprach jener der dort verbliebenen Nicht-Deutschen, die dem westlichen Blick zu einem Einheitskollektiv liebenswerten Andersseins verschmolzen. Es gab somit jeweils eine Masse sympathischer und eine Masse unsympathischer Fremder. Dadurch hatten die politischen und medialen Agenten des westlichen Mehrheitsdeutschtums eine Basis für identitätspolitische Gedankenspiele geschaffen, für Gedankenspiele rund ums Fremdsein in der Bundesrepublik.

Realhistorisch gesehen war vieles in diesem »antideutsch« vorbereiteten Anti-Ostdeutschland-Ressentiment pure Projektion, namentlich aus verdrängtem Umgang mit eigenen Arbeitsmigranten. Doch erwies sich das Hasskonstrukt als affektlogisch ausbaufähig. Denn *»die Ostdeutschen«* waren nunmehr die einzig verbliebene Minderheit, die man – ob im Zeichen von Kultur, Geschmack, Moral oder einfach »Comedy« – im öffentlich-medialen Raum risikolos, oft sogar mit Reputationsgewinn schmähen konnte: Hass gegen die schroff fremdartigen, zudem ja demokratiewissenschaftlich überführten Fremdenhasser im Osten konnte nichts moralisch Anstößiges sein. Er blieb gesellschaftlich, auch juristisch meist folgenlos. Der genuin Nicht-Westdeutsche, dingfest gemacht als »Ostler«, »Ossi«, »Zonenbewohner«, »Zoni« usw., war als Identität durch einfache Herkunftsabfrage zu erheben. Da somit weitgehend erfahrungsbefreit, war das Feindbild »Ostler« – oft gleichgesetzt mit »Sachse« – optimal geeignet für Meinungs-, Überzeugungs- und Abscheubekundungen. Zweifellos bedeutete das, was der Bewohnerschaft eines braun eingefärbten *Spiegel*-Sachsens widerfuhr,

»Diskriminierung« im heute maßgeblichen, d. h. moralisch anstößigen Sinne.[260]

Sie wurde dadurch zum Rohstoff einer neuen, bislang letzten Variante akademischer IP wie medialer Konfliktbewirtschaftung. Ihre Trägerin ist eine identitätspolitisch bereits sozialisierte Generation. Die Ich-Aktionäre etwa der »Dritten Generation Ost« beherrschen virtuos die Techniken der Selbstethnisierung und verfügen auch über das notwendige biographische Grundkapital: einen Geburtsort östlich der Elbe. Seitens der westdeutschen Mehrheitsgesellschaft dürfen sie sich deshalb, selbst wenn erst nach 1990 in Einheitsdeutschland geboren, als ostdeutsch markiert fühlen. Mit der westdeutschen Fremdbestimmung als ostdeutsch teilt ihre gleichlautende Selbstbestimmung allerdings den Mangel an eigenem DDR-Erleben. Da von lebensgeschichtlicher Ost-Erfahrung gelöst, kann die Dritte, mittlerweile vielleicht schon »Vierte Generation Ost« eine medientaugliche Identität umso freihändiger konstruieren. Sie kreist notwendigerweise meist um Zurückweisungen dessen, was heute als ostdeutsch Markierte durch Westdeutsche erfahren haben, auch und vor allem an unbefangenen Meinungen über ostdeutsche Landschaftsmentalität, ostdeutsche Herkunftsgeschichte, ostdeutsches Demokratieverständnis und anderes. Somit begünstigen Ostdiskurs, Ostbedenken,

---

260 Vgl. den Titel *»Sachsen. Wenn Rechte nach der Macht greifen«*, Heft 36 vom 1. September 2018. Zur Rolle dieses Magazins als des wohl mächtigsten Ost-West-Spaltermediums vgl. bereits ein Jahrzehnt zuvor Steffen Pappert/Melani Schröter: »Der Vereinigungsdiskurs als Spaltungsdiskurs in der *Spiegel*-Berichterstattung 1990–2000«, in: Roth/Wienen (Hrsg.): *Diskursmauern*, S. 157–177.

Ostidentitätsdiskussion eine meinungsbetriebliche Verkehrsform mit den üblichen Beteiligten. Diese dürfen sich als Außenseiter der Mehrheitsgesellschaft fühlen und in ihr zugleich Primepositionen erhoffen. Heimatzuschreibung von einem westdeutsch dominierten Außen, gefühlte Heimatlosigkeit innen und folglich volle Souveränität der Identitätskonstruktion: Unter dieser Doppelbedingung entsteht die Vision migrantischer oder postmigrantischer Allianzen gegen die westdeutsche Mehrheitsgesellschaft und ihre differenzunterdrückende »Leitkultur«[261].

Eben darin bestand das Angebot, das identitätspolitische Profis wie etwa Kübra Gümüşay[262] oder zuletzt Naika Foroutan[263] »den Ostdeutschen« machten. Diese sollten sich als migrantisches Minderheitskollektiv neben anderen

---

[261] Vgl. etwa Ralph Bollmann, »Die Westdeutschen waren aus historischer Verantwortung bereit, Geld zu zahlen. An ihrer bundesdeutschen Leitkultur hielten sie fest.« (ds.: *»Migranten im eigenen Land«*, in: *FAZ online* vom 3. Oktober 2017).

[262] Kübra Gümüşay: *»Ihr versteht mich!«*, in: *Die Zeit* vom 20. Juni 2013

[263] Beispielsweise in: *»Ostdeutsche sind auch Migranten«*, in: *taz am Wochenende* vom 13. Mai 2018. Bereits in diesem Interview warb Foroutan – wie später als Mitherausgeberin des Buches *Die Gesellschaft der Anderen* (2020) und in ihrer Aufsatzsammlung *Es wäre einmal deutsch* (2023) – für eine »postmigrantische Allianz« entlang *»self-proud«* bejahter ethnisch-kulturell fixierter Merkmale: Muslime und Ostdeutsche litten unter denselben Stereotypen und könnten daher gemeinsam »aufbegehren«! Traditionell marxistische Linke und egalitär aufgeschlossene Liberale hingegen seien mit ihrer Konzentration auf das »Klassenthema« »regressiv«. Noch mehr an der Pointe als am Praktikablen interessiert hatte sich zuvor bereits Max Czollek mit seinem Projekt einer »jüdisch-muslimischen Leitkultur« gezeigt (*Desintegriert euch!*, München 2018). Zweifel an der Tragfähigkeit der Vergleichsformel »Migrant« äußerte hingegen der afrodeutsche Historiker Patrice G. Poutros: *Fremd im eigenen Land? Ostdeutsche als Migrant_innen? Eine skeptische Entgegnung*« (*Bundeszentrale für politische Bildung*, 13. April 2022).

begreifen, um mit vereinten Kräften um »Teilhabe« und »Sichtbarkeit« in der westdeutschen Mehrheitsgesellschaft zu kämpfen. Die unbefragte Voraussetzung dieser Vision ist, dass es eine gemeinsame, allerdings von einem kulturellen Hegemon konstruierte Identität des Andersseins gäbe, eine Identität also, die als Negativ aus den Selbstbildern der westdeutschen Mehrheitsgesellschaft entsteht.[264] Tatsächlich müsste man, um dieses allmigrantische und -minoritäre Bündnis plausibel zu machen, nur gut eingeführte Formeln der medialen Mehrheitsgesellschaft West aufnehmen und umwerten. Formeln auch majoritären Wohlwollens wie etwa diese: »Gibt es Ostdeutsche, die weltoffen sind, gebildet, freundlich, dem Neuen aufgeschlossen? Natürlich gibt es die, ich kenne viele, die so sind. Es gibt sie genauso, wie es eine große Zahl an Muslimen gibt, die tolerant, weltoffen und Freunde der Demokratie sind.«[265] Fraglos war der ostdeutsche Migrant zusammen mit dem türkischen schon bald nach 1990 zu einer stehenden Fremdlingsfigur geworden, deren aktuellen Integrationsquotienten westdeutsche Medienschaffende meist zu Einheitsjubiläen ermittelten.[266]

[264] Jana Hensel/Naika Foroutan: *Die Gesellschaft der Anderen*, Berlin 2020.

[265] Als Kurzkompendium westdeutschen Meinens und Wünschens, aber auch Wohlwollens vgl. Jan Fleischhauer: *»War die Wiedervereinigung ein Fehler?«*, a. a. O.

[266] »Zwischen Ost- und Westdeutschen sind Mischehen nicht selten, auch dies ein Indikator für gelungene Integration«, bilanzierte ein eugenisch aufgeschlossener Ex-*taz*-Journalist zum Einheitstag 2017. Zugleich forderte er ein Festhalten an der »bundesdeutschen Leitkultur« und ihrer personifizierten Leitidee, damals also an »Bundeskanzlerin Angela Merkel, die im Osten auch deshalb so viel Hass auf sich zieht, weil sie ihren Landsleuten den Spiegel vorhält: Seht her, wer sich anstrengt, der schafft es auch.« (Ralph Bollmann: *»Migranten im eigenen Land«*, a. a. O.).

Die älteren ostdeutschen Jahrgänge, aber auch die ältere Gastarbeitergeneration des Westens haben sich an »strategischen Allianzen« (Foroutan) bislang uninteressiert gezeigt. Dafür dürften nicht nur die unterschiedlichen Herkunftsgeschichten verantwortlich sein. Für viele Menschen aus dem deutschen wie aus dem nahen Osten bedeutete die Bundesrepublik Deutschland über Jahrzehnte eine Verheißung bürgerlichen Aufstiegs, somit auch bürgerlicher Überzeugungen wie einer sozialen Konkurrenz im Zeichen des Leistungsgedankens. Er bleibt dem Verfahren der Identitätspolitik fremd. Diese bindet soziale Autonomie unweigerlich an die passiven, per Diskriminierung ermittelbaren Züge kollektiver wie individueller Existenz.

Das Geisterhaus oder: Virtuelle Geschichte

»Erst reißen die Ossis ihren Palast ab, und dann wollen sie mit unserm Geld noch ein Schloss bauen!«

Anonyma am Schlossplatz, Herbst 2006

Der Maler Walter Womacka ist bekannt geworden durch seine spröde Idylle »Am Strand« (1962), aber auch durch Großformate wie »Wenn Kommunisten träumen« im Palast der Republik oder »Der Mensch gestaltet seine Welt« im DDR-Außenministerium. Auf letzterem Bild streben ein Mann und eine Frau wie schwerelos vereint einer Sonne zu, die im Westen scheint. Nach 1990 erlebte Womacka, der sich selbstbewusst als einstigen »Fürstenmaler« bekannte,[267] mit den Abrissen jener Gebäude auch die Zerstörung einiger seiner Werke. Womacka kommentierte die hauptstädtischen Veränderungen mit Gemälden wie »Rückbau« (1996), einer detailgenauen Bestandsaufnahme der Abrisse. Auf diesem Bild sind sogar die Namen der westdeutschen Abbruchfirmen festgehalten, während das kosmisch schwebende Paar aus »Der Mensch gestaltet seine Welt« in der Bildmitte verblasst. Der überlegene technische Fortschritt des Westens scheint Womacka unabtrennbar von gesellschaftlichem Rückbau. Mit dem staatsutopischen Projekt sieht er auch den zwischenmenschlichen Eros entschwunden. Mann und Frau malt Womacka als phantomgleiches Paar.

---

[267] Vgl. Walter Womacka: *Farbe bekennen. Erinnerungen eines Malers*, Berlin 2004, S. 235.

Die rhetorisch aufdringliche Öffnung der Spät-BRD zum Eros des Andersseins, der Vielfalt und der Identitäten sollte der bekennende Staatskünstler nicht mehr erleben. Ihr kulturpolitischer Kampf- und Tummelplatz, das wiedererrichtete Stadtschloss, hätte Womacka wohl architekturästhetisch abgestoßen, doch galt seine Skepsis bereits dem Vorgängerbau. Den Palast der Republik betrachtete Womacka als pures Renommierprojekt der Ära Honecker, für ihn ein kulturell unbedarfter Funktionär. Der Maler trauerte der Ära Ulbricht und somit einer Kunst mit Auftrag nach, die der ähnlich empfindende Dichter Peter Hacks gänzlich unironisch als Staatskunst in Deutschland gewürdigt hatte.[268] Doch man könnte die als *Humboldt-Forum* eröffnete Schlosskopie in Berlins Mitte als einen – wenn auch historisch späten – Versuch solcher Staatskunst begreifen.

Altlasten der Neuen Mitte

Den Terminversprechen hatte irgendwann wohl niemand mehr geglaubt. Nach jahrelangen Verzögerungen konnte das Humboldt-Forum im Dezember 2020 eröffnen, zumindest digital. Seit dem Juli 2021 ist der Bau auch real begehbar. Seine Bestimmung jedoch mutet bis heute chimärisch an. Das Ausweichen ins Virtuelle gegen Ende 2020 war covid-bedingt durch den Seuchenschutz erzwungen. Es passte aber zum irreal schillernden Charakter des 680-Millionen-Euro-Projekts. Schon äußerlich umgibt das Berliner

---

[268] Vgl. das einschlägige Hacks-Zitat bei Womacka: *Farbe bekennen*, S. 253. Das Urteil des Malers über Honecker ebd., S. 187f.

Schloss eine Attrappen-Aura. Kein Wind, kein Wetter, keine Spuren realer Geschichtszeit haben diese Fassaden gezeichnet. So wirkt das Schloss auch auf nichtberlinische Betrachter weiterhin wie eine hingeklotzte Behauptung, eine erst mit Sinn zu füllende Hülse.

Tatsächlich war die Baumotivation jahrelang unklar geblieben. »Leidenschaftlich wird über Fassaden und Formen debattiert«, schrieb 1995 der *Spiegel*, »fast nie über Sinn und Zweck von Gebäuden, noch seltener über Geld.«[269] Noch vor dem Wunsch nach einem Schloss hatte sich in den Neunzigern der Wille bekundet, den Palast der Republik abzureißen. Letzterer bedeutete für die Aspiranten einer staats- wie stadtpolitischen »Neuen Mitte« eine schwere Zumutung von Ambivalenz.[270]

Sie umfasste mehrere Aspekte. Im Palast hatte die DDR-Volkskammer getagt, zuletzt, um der Vereinigung der beiden Deutschlandhälften zuzustimmen. Die Aussicht auf diese Einheit hatte im Westen nicht nur Begeisterung erweckt. Der verdunkelte Palast der Republik erinnerte die neuen Führungsschichten auch an die eigene politische Vergangenheit. Bis 1989 hatten sie das Faktum eines

---

269 *»Schinkel und Kinkel. Die künftige Mitte Deutschlands sollte es werden – doch der Schlossplatz bleibt erst einmal Brache«*, in: *Der Spiegel* vom 18. Dezember 1995.

270 Prototypisch für das Empfinden der neuen BRD-Eliten war eine Intervention Antje Vollmers für das Schloss gewesen. *»Mut zur Tradition«* hatte sich die einstige Systemopponentin und nunmehrige Bundestagsvizepräsidentin in ihrem titelgebenden Essay für *Die Woche* vom 15. Dezember 2000 gewünscht, und »dass dieses Land« »nicht jedem ästhetischen und historischen Ressentiment nachgibt.« Die Bauzeugen der Ost-Moderne standen offenkundig nicht unter Ressentimentschutz.

zweiten, sozialistischen deutschen Staates wohlwollend, teils sogar hoffnungsvoll akzeptiert. Zum zweiten war der Palast ein Denkmal dafür, dass man sich selbst in einer Diktatur amüsieren kann. Das Haus war von der SED-Führung bestellt, vom DDR-Volk bezahlt und schließlich allgemein angenommen worden. Auch in Dissidentenhütten hatte niemand daran gedacht, diesen Palast anzuzünden: Stets war er wohlgefüllt. Nach seiner Asbest-Sanierung konnte das Haus deswegen zwar nicht mehr als volksgesundheitliches, jedoch weiterhin als erinnerungspolitisches Ärgernis gelten. Und hierbei kam ein drittes Abriss-Motiv ins Spiel. Der Palast bedeutete dem Westblick ein imposantes Monument für all das, was in und an der DDR »preußisch« gewesen war. In seiner Mehrzwecktauglichkeit erwies er sich als typisches Bauwerk einer Erziehungsdiktatur, dienstbar gleichermaßen der Repräsentation, der Bildung und dem Vergnügen. Als Idee wie als Realität stand der Palast somit in einer speziellen Linie preußisch-deutscher Geschichte, nämlich des aufgeklärten Absolutismus. Dessen Ambition auf Volkslenkung *und* -zerstreuung verwirklichte der Palast auf architektonisch beiläufige Weise. Das Staatsemblem an seiner Vorderfront war, wie so vieles in der DDR, angeklebte Parole. Mit seinen Anleihen beim späten *International Style* zeigte sich der Palast insgesamt als rationaler Funktionsbau.

Von solcher Dezenz konnten Schloss-Befürworter wie Forum-Propagandisten nur träumen. Was diese beiden Strömungen altbundesdeutscher Kulturpolitik auch jeweils erreichen mochten: es würde mühevoll überspielte Unsicherheit zeigen. Der geplante Palastnachfolger war von Anbeginn dazu verurteilt, zur Synthese kaum vereinbarer Ziele zu werden, zum Kompromissbauwerk.

Vom Volkspalast zum Kulturschloss

Ein Blick zurück: Anfang der 1970er Jahre hatte die Honecker-Regierung für den Palast jenen jahrelang verwaisten Platz bestimmt, auf dem das Berliner Stadtschloss der Hohenzollern gestanden hatte. Durch Weltkriegsbomben war dieses Gebäude stark beschädigt worden. Im Westen Deutschlands hatte man sich in ähnlichen Fällen zuweilen für einen Abriss entschieden. Doch nicht deswegen fand Honeckers Vorgänger Walter Ulbricht die Sprengung der Schlossruine gerechtfertigt. Bereits 1951 gab es Entwürfe für einen Volkspalast nach stalinistischem Bauvorbild. Ulbricht und Honecker begriffen »Volk« als Staatsvolk. Seine Basis erblickten sie in einer kulturbedürftigen und -beflissenen Arbeiterklasse. Somit waren ihre Konzepte ideologisch stringent.

Mit Zielkonflikten bekommt es hingegen ein Staatswesen zu tun, das sich als bürgerlich versteht. Seine soziale Abgrenzung gegen die Arbeiterschaft wie seine moralische gegen die Aristokratie hatte sich das Bürgertum, sofern politisch erfolgreich, gern als »kulturell« gedeutet. Die Unsicherheit bürgerlichen Selbstwertgefühls, als Mittelklasse gefangen zwischen Aufstiegsehrgeiz und Abstiegsangst, ist im Wunschbild »Kulturbürgertum« auf fragile Weise bewältigt. Die europäische Adelsherrschaft bleibt das oft unausgesprochene, sozialfaktisch unerreichbare und daher zum Formzitat reduzierte Ziel bürgerlicher Nostalgien. Der Bau eines Schlosses – seit je Symbol von Herrschaft und Selbstherrlichkeit – steht somit unter Rechtfertigungszwang. Es muss durch gegensinnige Füllung eine politische Freiheitstradition beschwören. War doch das Hohenzollernschloss aus einer spätmittelalterlichen Zwingburg entstanden, die den Berliner Bürgerwillen hatte brechen sollen! Einen Nach- oder Neubau konnte daher einzig die ästhetische Qualität des Zerstörten legitimieren, eine Verbeugung vor der Kunst der Baumeister, nicht vor den Ambitionen der Bauherren. Geboren war die Idee eines »Kulturschlosses«.[271]

Darin wirkte ein spezifisch deutsches Verständnis von Kultur fort, ein vergeistigtes, innerliches, vielleicht auch protestantisches: Kultur nicht als Synonym von Zivilisation, sondern als bürgerliches Refugium des Guten, Wahren, Schönen. Auch die mittlerweile so allgegenwärtige wie abgegriffene Prägung »Kunst und Kultur« – beides oft synonym gesetzt – gehört hierher. Im 19. Jahrhundert hatte sich dieses reduzierte Kulturverständnis zwischen Besitz- und Bildungsstolz entwickelt. Bürgerliche Selbstrepräsentation war nicht notwendig an politische Macht, durchweg aber an materielles Vermögen geknüpft. Ähnlich wie die Adelsgesellschaft Alteuropas die zwei Körper des Königs kannte,

---

[271] Als repräsentativen Querschnitt für diese Argumentation vgl. Horst Bredekamp/Peter-Klaus Schuster (Hrsg.): *Das Humboldt-Forum. Die Wiedergewinnung einer Idee*, Berlin 2016.

verband sich in den »Kulturgütern« der bürgerlichen Gesellschaft das Materielle mit etwas Geistigem. »Kulturgüter« konnten sowohl Praktiken als auch Objekte sein. Sie symbolisierten einerseits ökonomische Potenz und sollten andererseits die profane Besitzsphäre überschreiten. Für die »Kulturgüter«, sofern konkret geworden als Sammlungsobjekte, bedeutete das eine Isolierung und Auratisierung, vor allem aber eine Verdinglichung zu erwerbbaren Gegenständen. Über deren Sinn glaubte der Besitzer weitgehend autonom bestimmen zu können.

Diese freie Bestimmbarkeit, sprich: Unverbindlichkeit zwischen realem Sein und imaginiertem Sinn charakterisierte das Hochwertwort »Kultur« bald generell. So konnte es zur Allzweckphrase werden. Kultur ist bis heute das, was zu einer profanen Praxis hinzukommt oder von höheren Sinnregionen übrigblieb. Ihre dekorative, auch machtkompensatorische Funktion haben linke wie rechte Kulturkritik frühzeitig benannt. »Bildungsbürger«, »Bildungsphilister«, »Kulturphilister« – mit solchen Ausdrücken wurden Formschwäche und Ohnmacht des Bürgertums verspottet oder beklagt. Sie fügten sich zum Topos von deutscher Gedankenschwere und Tatenarmut, von Enge des Wirkungskreises und Weite des Gedankenflugs.

Virtuell weit gereist

Obwohl residual und vielleicht auch provinziell, erlaubte das genannte Kulturverständnis doch gerade deshalb eine kosmopolitische Hoffnung, nämlich auf Weltbürgerschaft dank aufbewahrter und ausgestellter Weltanschauung. Insbesondere das Museum der Völker und Kulturen empfahl sich als einen Ort in der Welt, an dem diese geistig zugänglich wird, ohne dass man sie physisch antasten – beispielsweise bereisen oder berauben – müsste. Die heutigen Schlossherrinnen und -herren beschwören denn auch kein Friderizianisches oder Wilhelminisches, sondern ein Humboldtsches Preußen. Humboldtsche Weltbürgerschaft entstehe durch grenzenlose »Neugier auf das Andere, das Fremde, das Neuartige«, so das Eröffnungswort der damaligen Kulturstaatsministerin Monika Grütters; sie wäre also eher geistiges Prinzip denn geschichtliche Tradition. Mochte geistige Weltbürgerlichkeit auch in einer bestimmten Tradition ihren Ursprung haben, so bliebe sie doch nicht an diesen gebunden. Wahrscheinlich käme sie auch ohne materielle Hinterlassenschaften früherer Epochen oder ferner Erdteile aus. Ein erstaunlicher Optimismus. Worauf gründet er sich?

Die heutige Imagination der Weltbürgerlichkeit kann von einer Demokratisierung des Reisens profitieren. Vor allem im 20. Jahrhundert war das Reisen erschwinglich und risikoarm geworden. Das musste den Reisewunsch selbst transformieren. Der Trend ging weg von der klassischen Bildungsreise, hin zum Exotisch-Aufregenden, zum Urlaub von geregelter Bürgerlichkeit. Die klassischen Reiseziele des Bildungsbürgers waren jene Metropolen und Landschaften gewesen, die als Ursprungsorte seiner Zivilisation, mithin einer Normalhumanität galten. Das Exotische und Außergewöhnliche hingegen sind die zeittypischen Reiseziele ganz normaler Bürger. Eine möglichst extreme, nicht aber bedrohliche Fremdheit fasziniert Menschen, die man so despektierlich wie deskriptiv zutreffend Konsumbürger nennt. Ihr weltweiter Siegeszug als Lebensmodell bewirkte einen Fremdheitsschwund. Der westliche Zivilisationsmensch und Weltreisende erfuhr es als erster: Man sucht das Fremde und findet das Vertraute. Die Verwestlichung der Welt mindert deren Attraktivität für den Westen. An seinen ursprünglichen, eben an den fremden Ort vermag das Fremde immer weniger zu locken, wenn dieser Ort jederzeit mit dem eigenen zu verbinden ist. Auf reale Begegnung kann man erst recht angesichts digitaler Weiten verzichten, zumal reale Begegnung immer auch schuldhafte Berührung ist, Auswahl, Eingrenzung, Bevorzugung, mit einem Wort: Ungerechtigkeit.

Im Medium berührungsloser Anschauung hingegen ist man der Welt unterschiedslos nahe. Dadurch lässt sich ihr als ganzer gerecht werden. Reale Reisen, so erkennt man jetzt mit Schaudern, begünstigen Einseitigkeiten der Erfahrung und des Urteils; sie beerben die koloniale Anmaßung. Der reisend Herumkommende wird niemals offen für *alles* sein, der Ort seiner Herkunft bestimmt die Richtung seines Blicks. Der geistig aufgeschlossene gleichwie moralisch sensible Stubenhocker jedoch darf hoffen, beim Museumsbesuch eine Kulturen- und Völkervielfalt jenseits heimischer Präferenzen zu erfassen.

Im Zeitalter grenzenloser Virtualisierbarkeit mutet diese Hoffnung nicht mehr eitel an. Das geschichtlich ältere, aktivistische, tendenziell elitäre Modell weit gereister *Weltläufigkeit* scheint durch das massentaugliche, passiv-konsumtive von *Weltoffenheit* vollständig ersetzbar. Der digital Weltreisende ebenso wie der politisch Weltoffene darf durchaus daheimbleiben: Dank aufgeklärter, von Präferenzen und Einseitigkeiten befreiter Neugier kommt ihm die ganze Welt ins Haus. »Ein Schloss für die Welt«, hatte eine Berliner Zeitung zur digitalen Eröffnung des Forums 2020 getitelt, als »Tor zur Welt« bewarb und bewirbt die Stiftung Humboldt-Forum den Bau.

Weltoffenheit in häuslichem Rahmen erfordert freilich, dass auch fremde Kulturen über so viel Selbstdistanz verfügen, dass sie ihr soziales Leben zu Kulturgütern vergegenständlichen und aus jenem herauslösen können. Nur so entsteht überhaupt eine Sammlung, auch in ihrer virtuellen Form. Dass Europäer als Kunst behandeln, was in Herkunftskontexten nicht als Kunst behandelt wurde, beklagen Kuratoren und Politiker seit längerem als museumspädagogische Krux. Die Ablösbarkeit repräsentativer Kulturobjekte von ihren konkreten Lebenskontexten und ihre Versammlung in einem imaginären Kosmos ist tatsächlich alles andere denn universell verständlich. Sie unterstellt spezifisch okzidentale Entgegensetzungen, etwa die von »Geist« und »Leben« oder die schon erwähnte von »Kultur« und »Macht«. In der Geschichte des deutschen Bürgertums war ein solcher Kulturbegriff plausibel, verhieß er doch einer oft machtfernen Klasse zumindest ein geistiges Dominium.

Auch die erste deutsche Staatsgründung nach 1945 hatte in ihrer Selbstrepräsentation häufig auf »Kultur« als Gegenbegriff zu »Macht« zurückgegriffen. Die Motive dafür waren offenkundig. Zum einen musste sie dem nun befreundeten Kriegssieger ihre weltpolitische Harmlosigkeit, zum anderen dem kalten Kriegsgegner ihre sozialökonomische Überlegenheit beweisen. Kultur konnte somit selten mehr bedeuten denn eine Draufgabe zu Politik und Ökonomie. Der junge deutsche Staat war durch westalliierte Gunst von seiner unmittelbaren Vorgeschichte freigesprochen worden. Materielle Reparationsschuld mussten seine Bürger kaum tragen, und als erfolgreich Umerzogene durften sie sich jetzt als Teil einer ideellen Gemeinschaft fühlen, der bald so genannten westlichen Wertegemeinschaft. Die Alt-BRD war ein historisch geschlossener Erfahrungsraum, wurde zum Land einer sozial stilbildenden unteren Mittelklasse. Der Zugang zu dieser konnte auf ökonomischem Erfolgs- oder kulturellem Bildungswege erfolgen; eine traditionelle Dualität bürgerlichen Aufstiegs. Sie erneuerte sich im Denk- und Lebensstil einer nunmehr massenhaften Kleinbürgerlichkeit. Diese erhielt keine Chance zu politischer Reifung, eine Chance, die das ältere deutsche Bürgertum dank seinen sozialen und nationalen Krisen besessen, wenn auch oft verspielt hatte. Virtuelle Geschichte: Was das 20. Jahrhundert an Revolution, Krieg, Gewalt für die sogenannte Zweite und Dritte Welt bereithielt, das spielte Westdeutschlands (klein)bürgerliche Jugend gleichsam unter

Laborbedingungen nach. Ihre Revolutionen waren zuerst und zuletzt Kulturrevolutionen, auch Symbolpolitik – heute hauptsächlich im kulturellen Symbolsystem Sprache.

Faktisch vollzog sich altbundesdeutsches Dasein zwischen wirtschaftlichem Binnenglück und geostrategischer Folgsamkeit. Ein transatlantischer Westen galt vielen Bundesbürgern als die eigentliche Welt. Der Weltrest schien als materielles wie ideelles Kulturgut unbegrenztem Konsum zugänglich. Zwischen Kultur und Politik bestand ein Ergänzungs-, kein Bedingungsverhältnis. Derlei Unverbindlichkeit schien auch nach 1990 zunächst problemlos fortsetzbar, und das Berliner »Kultur-Schloss, ein weltweit einmaliges Projekt« (Horst Bredekamp, Gründungsintendant), sollte ihr einheitsdeutsches Symbol werden.

Raubkunstdebatte und Kolonialismusverdacht

Von Anbeginn liefen der Bau der Schlosshülle und die Diskussionen um ihre Sinnbefüllung nebeneinander her. Um nicht unter politischen Restaurationsverdacht zu geraten, mussten die Schlossfreunde auf die kulturelle Nutzbarkeit verweisen. Die künftigen Nutzer wiederum – die Stiftung Preußischer Kulturbesitz, die Humboldt-Universität, das Berlin-Museum – hatten rasch gelernt, die allzu eng angesetzten Räumlichkeiten als Faktum hinzunehmen. Name und Idee »Humboldt-Forum« für den geplanten Bau waren eine Verlegenheitslösung. Auch die bauliche Gestalt war ein Kompromiss. Schlüters wiedererstandenem Barock fügte der Architekt Franco Stella die Ostfassade im (originär italofaschistischen!) Stile des *razionalismo* an, die ein reflektiertes, versachlichtes Geschichtsbewusstsein signalisieren sollte.

In der inneren Zwecksetzung des Baus erwies sich ein Kompromiss als schwieriger. Der Vorschlag, die ethnologischen Sammlungen aus Berlin-Dahlem nach Berlin-Mitte zu holen, war von den Schlossbaufreunden als überzeugende Nutzungsidee begrüßt worden. Eine Raubkunstdebatte konnten die künftigen Nutzer dadurch nicht abwenden. Fällig sei eine Reflexion über koloniale Schuld und kulturelle Aneignung, so befindet seit Jahren die politisch einflussreiche Kunsthistorikerin Bénédicte Savoy. Bis 1717 hatte Brandenburg-Preußen mit Sklaven gehandelt. Das Ex-Stadtschloss der preußischen Könige und somit auch der Neubau repräsentierten mithin einen Staat, von dem als ehemaliger Kolonialmacht »Gewalt« ausging. Zwar existiert diese Kolonialmacht seit über hundert Jahren nicht mehr. Doch verdanke man ihrer Ankaufpolitik einige der geplanten Exponate. Deren problematische Dinglichkeit hofft die Stiftungsinitiative *kosmosdigital Humboldt Forum* narrativ zu verflüssigen, und zwar durch eine »multiperspektivische Aufarbeitung von Objekten via Video«: Zu jedem Objekt könne jede und jeder die eigene Geschichte erzählen.

Auch die damalige Staatsministerin Grütters hatte bei der Schloss-Eröffnung vom »gleichberechtigten Dialog der Kulturen« gesprochen. »Kein Museum, sondern ein Debattenort!« übersetzte der *Deutschlandfunk* das für seine Hörerschaft.[272] Der damalige Leiter des Ethnologischen Museums Berlin, Jonathan Fine, ging noch weiter. Er betrachtet selbst seine Sammlungen nur als fluides Objekt von »Aushandlungsprozessen«. Das Humboldt-Forum werde im »besten Fall« solche »Debatten auf die Spitze treiben und für ein breites Publikum gesellschaftlich relevant machen«. Fines ideales Publikum besucht ein Museum hauptsächlich, um es »kritisch zu hinterfragen«. Folgerichtig kritisiert Fine die Erwartung, dass ein Museum »materielle Kulturgüter in den Mittelpunkt« stellen solle. Hierbei nämlich verliere »man Immaterielles aus dem Blick – Musik, Tanz, Dichtung, Erzählungen«, an denen beispielsweise Afrika überreich sei.[273]

Es ist klar, dass solche Argumentationen vornehmlich durch den Wunsch motiviert waren, sich peinlichen Provenienzfragen zu entwinden. Der Kontext ist allerdings größer. In der Sicht von Grütters, Fine und vielen Medienbetriebsgrößen bedarf kulturelle Sinnrepräsentation kaum mehr einer materiellen Seinsbasis. Die Verbindung beider soll ebenso frei gestaltbar sein wie die zwischen dem feudalzeitlichen Äußeren und dem weltbürgerlichen Innenleben des Humboldt-Forums. Debatte könne schließlich überall stattfinden, warum also nicht auch innerhalb einer Schlosskopie? Als ehrliche Makler im endlosen Spiel der »Narrative« suchen sich die neuen Schlossherrinnen und Schlossherren gleichsam unsichtbar zu machen. Diese Selbstvirtualisierung verspricht moralische Unangreifbarkeit.

---

[272] *Deutschlandfunk*-»Kommentar«, 20. Juli 2021.

[273] *Humboldt Forum Magazin* Nr. 1, Juli 2021.

Auch die Nachfolgestaaten einstiger Kolonialvölker haben sich zu Wort gemeldet. Nicht allerdings, um Geschichten zu erzählen, sondern um Restitutionen zu erwirken. Ehrwürdige Museumsleute und Kulturprominente sehen sich trotz Weltbürgertumsgestus verdächtigt, als Fortsetzer des Kolonialismus zu agieren. Halboffizielle, mit Berliner Senatsgeldern geförderte Gruppen wie *Decolonize Berlin* fordern, das gesamte Humboldt-Forum vom Ausstellungs- zum Debattenort umzuwidmen.

Rückkehr der Geschichte

Die Dekolonisierungsdebatte folgt einer Logik moralischer Überbietung. Wer hier einmal in die Defensive geraten ist, der gelangt kaum wieder heraus. Die deutschen Dekolonisierer von heute imaginieren sich als Anwälte der beraubten Kolonialvölker von einst. In einem solchen Szenario kann sich der Kolonialismusverdächtige – etwa die Stiftung Preußischer Kulturbesitz – nur mehr in hoffnungsloser Selbstrechtfertigung verfangen.

Von derartigen Eskalationen hatte sich die rot-grüne Bundesregierung gewiss nicht träumen lassen, als sie 2002 den Schlossbau-Beschluss fasste. Damals sollte das bauliche Erbe einer ungeliebten Epoche rasch abgeräumt werden. Inzwischen ist geschichtlicher Eigensinn mit umso größerer Wucht zurückgekehrt. Der Streit um »Raubkunst« aus »Gewaltgeschichte« und »Unrechtskontexten« erhellt schlaglichtartig das Dilemma spätbundesdeutscher Selbstdarstellung.

Das regierungsoffizielle Kulturideal zielt auf Virtualisierung von geschichtlicher Kontingenz, mithin auf Reinigung von Gewalt und Schuld. Da es aber keine Kultur ohne Geschichte, keine Geschichte ohne Schuld gibt, definiert man das Eigene als den Diskussionsrahmen, worin sich die Vielfalt des Fremden gewaltlos entfaltet. An dessen konsumierbare Form als »Kultur« hatte man sich in lange ungestörter *splendid isolation* des Westblockdaseins gewöhnt; ihre aktuellen Titel sind »Buntheit«, »Vielfalt«, »Diversität«. Mitunter zeigt nun jenes Fremde ein durchaus konkretes Selbstbewusstsein als National- oder Lokalkultur. Deren dingliche Manifestationen, etwa Kultgegenstände, sind für sie nichts Äußerliches und Ablösbares. Der Streit um die Rückführung solcher Objekte an ihre Entstehungsorte macht die Bruchlinien im neubundesdeutschen Selbstbild sichtbar: »Kultur« kann anscheinend auch etwas Ortsabhängiges, Nichtveräußerliches bedeuten! Sie bezeugt so eine Rigidität, die in Begriffen wie »Kulturerbe«, »Kulturgüter« und »Kulturbesitz« mit ihrer musealen Gemütlichkeit fehlte.

All diesen Zumutungen begegnet das Unternehmen Schloss-Forum bislang hilflos. Konzipiert wurde der Bau innen wie außen ja tatsächlich als *Museum*. Doch vor allem war er als Monument einer kulturell aufgeschlossenen, diskursfreudigen Bundesbürgerlichkeit gedacht. Diese, aus den großen und kleinen Städten des Westens nach Berlins Mitte gezogen, wollte hier noch einmal ihre Vorstellungen von sich selbst zelebrieren. Das waren zugleich Erinnerungen an eine gute alte Zeit, als man deutscher Macht- wie Schuldgeschichte glücklich entkommen schien. Reale Geschichte ist diesem Bundesbürgertum unheimlich. Ihre Zeugnisse erregen Angst und Abwehr. Wenn sie in die Gegenwart hineinragen, müssen sie beseitigt werden wie der Palast. Vergangenes, Fremdes ist entweder als Architekturzitat oder als Weltkulturgut zugelassen. Preußennostalgiker wie Postkoloniale erträumen sich eine virtuelle Geschichte – eine Geistergeschichte, in der man souverän bestimmen kann, wer man war und was man ist. Solche Träume entspringen der jahrzehntealten Gewissheit des deutschen Westens, nicht real haftbar zu sein. Ob Russlandreparationen oder Reminiszenzschlösser, zahlen sollten stets andere oder – seit 1990 – alle. »Der Westen ist ein Fass ohne Boden«, hatte seinerzeit ein sächsischer Publizist gewitzelt. Das Geisterhaus in Berlins Mitte bestätigt diesen Argwohn.

Personenregister

Beratung und Erstkorrektur: Ina Kühne

Das Neue Berlin
eine Marke der Eulenspiegel Verlagsgruppe Buchverlage GmbH

ISBN 978-3-360-02760-3

1. Auflage

Umschlaggestaltung: Buchgut, Berlin
Druck: buchdruckerei.de, Berlin

www.eulenspiegel.com